<그리스도인이면 꼭 알아야 할 성경 지식>

마태복음

제5권

휴거는 언제 일어나는가?(24-28장)

서울솔로몬학교 성경연수원

차 례

이 책에 인용된 성경 구절은 〈한글킹제임스성경〉입니다.

제1과

환란 후 휴거를 예언하신 예수 그리스도(24장)

『그 때에 두 사람이 밭에 있는데, 한 사람은 데려가게 되고 한 사람은 남게 되리라』(마 24:40).

복된 소망

주 예수 그리스도께서 "천년왕국 이전에 재림하실 것"(전천년주의)이라는 "복된 소망"(딛 2:13)을 지닌 성도들의 마음은 기쁨으로 가득 차 있다. 부활하신 주님께서 제자들을 이 땅에 남기시고 승천하셨을 때, 제자들이 기쁨이 충만한 상태로 예루살렘으로 돌아온(눅 24:52) 이유가 바로 여기에 있다. 주님께서 홀로 떠나셨다는 사실로 인해 슬퍼할 법도 한데 제자들이 기쁨으로 충만할 수 있었던 것은, 그들이 "예수 그리스도의 재림"에 관한 "확고한 약속"을 받았기 때문이다. 『**너희 갈릴리 사람들아, 어찌하여 너희는 하늘을 쳐다보고 서 있느냐? 너희를 떠나 하늘로 들려 올라가신 바로 이 예수는 너희가 하늘로 가심을 본 그대로 오시리라**』(행 1:11).

당신은 "그리스도인"인가? 거듭난 그리스도인으로서 "복된 소망"을 갖고 있는가? 주님께서 속히 오시기를 기다리고 있는가? 그날을 고대하면서 왕이신 그분을 맞을 준비를 하고 있는가? 『**네 하나님을 만날 준비를 하라**』(암 4:12). 주님께서 공중으로 오실 때, 하늘로 휴거되어 지상에 임할 무서운 대환란을 피할 수 있겠는가? 환란 기간에 짐승의 표를 받지 않는 사람은 아무도 사거나 팔 수 없으며, 또한 그 표를 받은 사람은 영원한 불못에 던져져 영원히 고통받게 된다. "당신은 정말로 구원받았는가?"

■ 새롭게 깨달았거나 적용할 내용이 있다면 적어 보세요. ■

재림에 관한 표적들(1-12절)

"올리브 산" 위에서 제자들은 예수님께 "세 가지 질문"을 드렸다(3절). ❶ "언제 이런 일(예루살렘 성전 파괴, 1,2절)이 있겠습니까?" ❷ "주님께서 오실 표적은 어떤 것입니까?" ❸ "세상 끝(종말)의 표적은 어떤 것입니까?" 이 질문들은 별개의 서로 다른 질문들이 아니라 "**하나의 질문**"으로서 "대환란과 재림," 곧 "마지막 날들"(종말)에 일어날 일들에 관한 질문이다. 이에 대한 답변으로 예수 그리스도께서는 "**재림에 관한 표적들**"이 어떤 것인지 알려 주신다("올리브 산"에서 하신 "종말에 관한 설교").

"**강력한 미혹**"이 있다(4,5,11절, cf. 24:23-26). 많은 "거짓 그리스도(메시아)"가 자칭 "그리스도의 이름"으로 등장하여 자신이 "그리스도" 또는 "그리스도의 대리자"라고 속이면서 미혹할 것이다. "**전쟁들**"이 일어난다(6,7절). 민족이 민족을 대적하고, 나라가 나라를 대적하는 전쟁이 일어날 것이다. "**기근, 역병, 지진**"이 일어난다(7,8절). 이런 일들은 "고통의 시작"일 뿐인데(8절), 이는 그러한 고통이 환란 기간에는 절정에 달할 것이기 때문이다. 하나님의 백성인 유대인 환란 성도들이 "**미움과 박해**"를 받는다(9,10,12절). 세상 많은 사람이 실족하고 배반하며 미워할 것이고, 인간성이 상실되고 사랑이 식어 갈 것이다(10-12절, cf. 딤후 3:1-13).

〈군대 역사 백과사전〉(1986)에 따르면, B.C. 3500년 이후로 4,345회의 전투가 있었다. 1900년부터 1987년까지 3,800만 명의 사람들이 전쟁에서 죽었고, 자기 나라의 정부에 의해(러시아, 캄보디아, 독일, 르완다 등) 죽은 사람들의 수도 1억 7,000만 명에 달한다. 국제연합

(UN)이 1945년에 창설된 이후로도 177회의 무장 갈등이 세계에 있었는데, 그중 12회가 굵직하고 중요한 전쟁이었고, 21회가 중간 규모의 전쟁, 23회는 반란, 16회는 권력을 찬탈하기 위한 전쟁, 36회는 정권 교체를 위한 내란, 24회는 단순한 군사력 개입이었다. 즉 전쟁이 끊이지 않는 것이다.

대환란 기간에 일어날 일들(13-26절)

"대환란"은 인내로 "**끝까지 견뎌야 구원받을 수 있는 기간**"이다(13절). 성경에서 "끝"은 "개인의 삶"의 끝이 아니라 "어떤 기간"의 끝인데, 이 기간은 문맥적으로 "대환란 기간"이다(21절). **대환란이 끝날 때까지, 곧 예수 그리스도께서 지상으로 재림하실 때까지 "믿음과 행위를 통해 받은 구원"(계 6:9; 7:14; 12:11,17; 14:12; 15:3)을 인내의 행위로 지켜 내야 하는 것이다. 환란 시대에는 그렇게 해야 구원받을 수 있다.**

"**왕국(천국) 복음**"이 전파된다(14절). "왕국(천국) 복음"은 "은혜의 복음"이 아니며, 예수 그리스도께서 왕으로 임하시어 다윗의 보좌에 앉으실 "지상 왕국"(천년왕국)이 가까웠으니 회개하라는 메시지(마 3:2; 4:17; 10:7)가 담긴 복음으로, 유대인들을 위한 "표적"이 동반된다(마 4:23,24; 10:8). 이 왕국 복음이 유대인들에게 "표적"과 함께 전파되면, 그 표적들은 하나님께서 유대인들 편에 서 계셔서 그들을 보호하신다는 "증거"를 모든 이방 민족에게 보여 줄 것인데, 그러한 증거를 본 몇몇 이방인들은 유대인들 편에 서서 그들을 보호하고 친절하게 대할 것이고 그에 대한 보상으로 지상에 세워질 왕국을 상속받게 된다(마 25:34-40).

"**멸망의 가증한 것**," 곧 "**적그리스도**"가 환란 성전 지성소에 서서(15절) 또는 앉아서 사람들의 숭배를 받는다(살후 2:4). 교회의 휴거 이후 환란 시대에 세상 전면에 등장할 "적그리스도"는 유대인과 맺은 언약을 환란 중반에 파기하고(단 9:27), 선지자 다니엘을 통해 예언된 대로 성전을 더럽히고 날마다 드리는 희생제를 폐지하고 예물을 금지할 것이다(단 8:13; 9:27; 11:31; 12:11).

적그리스도는 예루살렘과 유대 땅의 유대인들을 "**극심히 박해**"한다(16-20절). "**유대에 있는 자들**"(16절)은 "이방인들"이나 "그리스도인들"이 아니고 문자 그대로의 "**유대인들**"로서, 특히 예수 그리스도께서 재림하시기 직전인 대환란 기간에 지상에 남아 있을 "유대인들"인 것이다. 그들은 적그리스도의 박해를 피하여 "산들"로 도망해야 하는데(16-18절), 하나님께서는 이 유대인들을 "산들"에서 먹이실 것이고(미 7:14-16, 렘 50:19,20), 특히 유대인들을 "광야," 곧 "셀라 페트라"로 데려가시어 초자연적으로 부양하실 것이다(호 2:14,15, 계 12:1-15). 환란 기간에 임산부나 젖을 먹여야 할 아기들이 있는 환란 성도들은 "화"를 당하게 된다(19절, cf. 눅 23:28,29). 유대인들은 피난하는 일이 "**겨울이나 안식일에 일어나지 않도록**" 기도해야 한다. "안식일"은 그리스도인들과 전혀 무관한 날이며(골 2:16,17), 이스라엘을 위해 주어진 "표적"이다(출 31:13, 겔 20:12,20). 만일 대환란의 고통이 "안식일"에 닥치면 그들은 꼼짝없이 당하게 되는데, 이는 그날에 비행기 운항이 중단되기 때문이다.

『그때에 유대에 있는 자들은 산들로 도망하라. 지붕 위에 있는 사람은 집 안에 있는 물건을 가지러 내려가지 말고, 들에 있는 사람은 자기 옷을 가지러 돌아가지 말라. 그 날들에는 아이를 밴 자들과 젖 먹이는 자들에게 화 있으리라! 너희는 피난하는 일이 겨울에나 안식일에 일어나지 않도록 기도하라』(16-20절).

대환란은 유사 이래 "**전무후무한 고난의 기간**"이 된다(21,22절). 대환란은 "야곱의 고난의 때"(렘 30:7)로도 불리며, "산고를 겪는 여인의 고통"으로도 묘사된다(사 66:7,8, 미 5:3, 렘 30:6; 49:24, 호 13:13, 살전 5:3). 그러나 "**택함을 받은 사람들**"("**유대인 환란 성도들**," 사 45:4; 65:9)을 위해 그 고난의 기간은 단축될 것이다. 본래 환란 시대의 기간은 전체 "7년"이지만(단 9:25), 하나님의 섭리적인 계획에 따라 그 기간은 매우 유동적이다.

거짓 그리스도들과 거짓 선지자들이 "거짓 표적들"을 통해 "택함을 받은 사람들"인 "유대인들"을 미혹할 것이다(23-26절).

대환란 끝 무렵에 일어날 일들(27-41절)

"**천체들의 변화**"와 더불어 "**대재앙**"이 임한다(29절). 대환란 끝, 곧 재림 직전에 천체들의 변화로 대재앙이 일어날 것인데, 이러한 대재앙은 요한계시록에 나오는 재앙들과 일치하고 하늘들의 권능들도 흔들릴 것이고, 천체들의 무서운 변화와 격동으로 인해 죄인들은 공포와 두려움 속에 절망할 것이다(눅 21:25,26; 23:30, 계 6:12-17).

"**환란 성도들이 휴거**"된다(27,31,40,41절). 이것은 교회 시대 끝 무렵에 있을 "그리스도인들의 휴거"가 아니며, 문맥상 "대환란"(21,29절) "이후"(29절), 곧 "**대환란 끝에 있을 환란 성도들의 휴거**"를 가리킨다. 그때 주님께서는 큰 나팔 소리와 함께 천사들을 보내셔서 익은 곡식들을 거두듯이(계 14:15,16) "택함을 받은 유대인들"을 모으시어(31절) "곡식 창고"인 "아버지의 왕국"으로 들이실 것인데(마 3:12; 13:30,43), 두 사람이 밭에 있거나 맷돌을 갈고 있다가 한 사람은 데려가게 되고, 한 사람은 남게 되는 것이다(40,41절).

인자이신 예수 그리스도께서 "**재림**"하신다(27,30절). 하늘에서는 "인자의 표적"이 나타날 것이고, 땅에서는 이스라엘의 열두 지파가 메시아이신 예수 그리스도를 죽인 것에 대해 대대적으로 회개하며 통곡할 것이다(30절, 슥 12:10-14). 번개가 동편에서 치면 서편에까지 비치는 것처럼(27절, 삼하 22:14,15, 시 144:6, 슥 9:14), 인자이신 예수 그리스도께서는 하늘의 구름을 타고 재림하실 것이다(30절).

아마겟돈 전쟁에서 "**대살육**"(계 14:19,20)이 벌어진다(28절). 재림하실 예수 그리스도께서는 적그리스도의 UN의 2억 명의 군대를 아마겟돈에서 "포도즙 틀"에 넣어 짓밟으실 것인데, 이때 주님께서는 독수리를 위시한 새들을 "**위대하신 하나님의 만찬**"에 초청하시어 그 군대에 속한 자들의 살을 먹게 하실 것이다(계 19:17,18).

재림의 징조 : "이스라엘의 회복"(32-39절)

『무화과나무의 한 비유를 배우라. 그 가지가 유연해지고 잎이 나오면, 여름이 가까운 줄 너희가 아나니, 이와 같이 너희도 이 모든 것을 보면 그 일이 가까이, 곧 문들 앞에 이른 줄 알라』(32,33절).

1. "무화과나무의 한 비유"를 배우라(32,33절).

"무화과나무"는 "이스라엘"이다. 예수 그리스도께서는 열매 없이 잎만 무성한 채 "종교적인 위선"으로 왕(메시아)이신 그분을 거부한 "무화과나무"를 저주하셨다(마 21:18,19). 이로 인해 뿌리로부터 말라버렸는데(막 11:20,21), 이것은 결코 회복할 수 없는 상태로 완전히 저주받은 이스라엘의 모습을 보여 준다. 그런데 뿌리째 말라 버린 이스라엘이 가지가 유연해지고 잎이 나오면서 회복되고 있다. 물론 여전히 "열매"는 언급되지 않고 있으나, 말라 버린 나무에서 생명이 다시 자라난다는 것은 이제 곧 열매도 맺을 것이라는 점을 시사해 준다. 그래서 가지가 유연해지고 잎이 나오는 모습을 보거든 "여름"이 가까워진 줄 알라고 말씀하는 것이다. 이스라엘은 A.D. 70년에 예루살렘이 완전히 파괴된 이후 근 2천 년 동안 국가 없이 유랑하다가 1948년에 독립하여 국가적으로 재건되었다.

2. "교회의 휴거"는 언제 일어나는가?

『진실로 내가 너희에게 말하노니, 이 세대가 지나가기 전에 이 모든 일들이 이루어지리라. 하늘과 땅은 없어져도 내 말들은 결코 없어지지 아니하리라』(34,35절). 무화과나무의 가지가 유연해지고 잎이 나오는 징조는 "교회가 휴거될 무렵"에 이스라엘이 "하나의 국가"가 되고 "한 민족"으로서 싹을 틔우고(눅 21:29,30) 잎을 내고 열매를 내기 시작할 것이라는 사실을 보여 준다. **즉 "교회의 휴거 시기"와 한 민족으로서 "이스라엘이 열매를 내기 시작하는 시기"가 맞물려 있는 것이다.** 무화과나무의 가지가 유연해지고 잎이 나기 시작하며 이제 막 열매 맺을 준비를 한 시기는 1948년 5월 14일, 곧 이스라엘이 독립 국가를 세운 날이다. 그렇다면 이 시기와 맞물려 있는 "교회의 휴거"는 언제 일어날 것인가?

"**이 세대**"가 지나가기 전에, 곧 "**이스라엘이 다시 하나의 국가가 되던 때에**

살아 있는 세대"가 끝나가기 전에 이 모든 일들, 즉 재림과 관련된 일들이 다 이루어진다고 했으니, 교회의 휴거도 이 세대가 지나가기 전에 반드시 일어나야 한다.

다만 이스라엘이 하나의 국가가 된 1948년부터 "한 세대를 몇 년으로 볼 것인가"가 주된 관건이다. 만일 한 세대의 길이를 "33년"(사 53:8)으로 보면, 재림의 시기는 1981년이고, 그보다 7년 앞서 일어나는 교회의 휴거는 1974년이 된다. "42년"(마 1:17)으로 보면, 재림의 시기는 1990년(휴거는 1983년)이 된다. "70년" 또는 "80년"(시 90:10)으로 보면, 재림의 시기는 2018년(휴거는 2011년) 또는 2028년(휴거는 2021년)이 된다. "100년"(창 15:13,16)으로 보면, 재림의 시기는 2048년(휴거는 2041년)이 된다.

한편 성경은 『**그러나 그 날과 시간에 관해서는 아무도 모르나니, 심지어는 하늘의 천사들도 모르고, 오직 나의 아버지만 아시느니라.**』(36절)라고 말씀한다. 따라서 우리는 "교회의 휴거"의 "날짜와 시간"을 확정할 수 없는데, 여기에는 "다섯 가지 이유"가 있다.

첫째, 성경이 그 날과 시간에 관해서는 아무도 모른다고 말씀하셨다. 둘째, 현재 우리가 사용하는 달력이 정확하지 않을 수 있다. 셋째, 하나님께서 이스라엘의 역사를 다루실 때 어떤 연도나 날들을 계산하시지 않은 것처럼(왕상 6:1, 욥 3:6) 우리가 모르는 계산에 넣지 않으시는 연도와 날들이 있을 수 있다. 넷째, 환란 기간의 날들이 단축될 수 있을 정도로 유동적이다(마 24:22). 다섯째, 하나님께서 누군가의 회개와 구원을 위해 시기를 조율하실 수 있다(벧후 3:9,15). 한 가지 분명한 것은 우리 인간들이 사용하는 달력이 아닌 "하나님의 달력과 시간표상"에는 우리가 성경을 통해 배운 모든 예언과 사건들이 일어나는 시기가 정확하게 들어맞을 것이라는 점이다. 왜냐하면, 하늘과 땅은 없어져도 하나님의 말씀들은 절대로 없어지지 않고 반드시 이루어질 것이기 때문이다(34,35절).

종말 설교의 결론 : 재림을 기다리는 올바른 자세(42-51절)

마치 "도둑"처럼(43절) 주님께서 어떤 시간에 오실지 모르니(37-39절) "**깨어 있어야 한다**"(42절). 인자께서 생각지 않은 시간에 오실 수 있으니 "**준비하고 있어야 한다**"(44절). "등불의 기름을 준비한 현명한 다섯 처녀"(마 25:2,4)처럼 "**신실하고 현명한 종이 되어야 한다**"(45-51절).

■ 새롭게 깨달았거나 적용할 내용이 있다면 적어 보세요. ■

제1과 복습문제

1. 『그러나 끝까지 견디는 자는 구원을 받으리라』(마 24:13). 여기에서 "끝"은 "교회 시대의 끝"을 의미한다. (O , X)

2. 『그때에 유대에 있는 자들은 산들로 도망하라』(마 24:16). 여기에서 "유대에 있는 자들"은 하나님의 교회나 이방인들과는 무관하고 문자 그대로의 "유대인들"을 가리킨다. (O , X)

3. 『그 때에 두 사람이 밭에 있는데, 한 사람은 데려가게 되고 한 사람은 남게 되리라. 두 여인이 맷돌을 갈고 있다가, 한 사람은 데려가게 되고 한 사람은 남게 되리라』(마 24:40,41). 이것은 문맥상 교회 시대의 끝 무렵에 있을 "교회의 휴거"에 관한 설명이다. (O , X)

4. 『무화과나무의 한 비유를 배우라. 그 가지가 유연해지고 잎이 나오면, 여름이 가까운 줄 너희가 아나니, 이와 같이 너희도 이 모든 것을 보면 그 일이 가까이, 곧 문들 앞에 이른 줄 알라』(마 24:32,33). 이것은 "이스라엘의 회복"에 관한 설명이다. (O , X)

5. 『이는 그때에 (   )이 있으리니, 그와 같은 것은 세상이 시작된 이후로 지금까지 없었으며, 또 결코 없을 것이기 때문이라』(마 24:21).

6. 『그러나 그 (   )과 (   )에 관해서는 아무도 모르나니, 심지어는 하늘의 천사들도 모르고, 오직 나의 아버지만 아시느니라』(마 24:36).

NOTES

제2과
재림 관련 비유들과 민족들의 심판(25장)

『그때에 천국은 등불을 들고 신랑을 맞으러 나간 열 명의 처녀들과 같으니라』(마 25:1).

열 처녀의 비유(1-13절)

『그때에 천국은 등불을 들고 신랑을 맞으러 나간 열 명의 처녀들과 같으니라. 그들 가운데 다섯은 현명하고 다섯은 어리석더라. 어리석은 처녀들은 등을 가졌으나, 등과 함께 기름을 가지지 아니하였고, 현명한 처녀들은 등과 함께 기름통에 기름을 가지고 있더라』(1-4절).

1. 핵심 내용

"열 명의 처녀들" 가운데 다섯 명은 "등과 함께 기름을 가진 현명한 처녀들"이고, 다른 다섯 명은 "기름통에 기름을 준비하지 않은 어리석은 처녀들"이다. "신랑"이 왔을 때, 기름을 준비한 처녀들은 "혼인식"(marriage, 어린양의 혼인식)에 들어가게 되지만(10절), 기름을 준비하지 못한 처녀들은 "혼인식"에 들어가지 못하게 된다(11,12절).

2. 교리적인 적용

"**현명한 처녀들**"(wise virgins)은 "**믿음과 행위로 구원받는 환란 시대의 성도들**"이다. "**처녀들**"은 "복수 형태"로서 "교회"가 아니다. 왜냐하면, 교회는 "**한 순결한 처녀**"(고후 11:2)로서 "단수 형태"이기 때문이다. "어린양의 혼인식"에서 신랑과 혼인하는 신부는 "한 명"이지, 결코 "여러 명"이 아니다(창 2:24, 마 19:5, 엡 5:25-32). 특히 처녀들은 신랑과 "결혼을 하러 가는 신부"가 아니고, "**신랑을 맞으러 나간 처녀들**"로서 요한계시록 14:1-6의 "**동정들**"(virgins, 144,000명)이고, 어린양의 혼인식을 다루는 시편 45편의 신부를 따르는 "**동료 처녀들**"(시 45:13,14)이다. 이들은 환란 시대에 믿음과 행위로 구원받는 "환란 성도들"이다.

"**신랑**"은 "인자"(13절)이신 "**예수 그리스도**"이시다. "인자"는 "육신을 입고 계신" 예수 그리스도의 지상 사역과 연관된 이름으로서 교회 시대에 해당하지 않는다.

"**기름**"은 "**성령 하나님**"을 예표한다. 처녀들이 가진 기름이 고갈되기도 하고, 또 기름이 충분하지 않아서 사야 하는 경우가 발생하는데(9절), **이것은 성령님을 잃어버리거나 사야 하는 경우가 있음을 보여 준다**. 교회 시대에는 성령님으로 충만하지 못하는 경우는 있어도, 성령님께서 구원받은 성도를 떠나버리시거나 고갈되시거나 잃어버린 바 되시는 경우가 없다. 특히 성령님을 돈을 주고 살 수도 없다. 따라서 이것은 환란 시대에 해당한다.

이 비유에 등장하는 현명한 처녀들은 교리적으로 환란 시대의 성도들로서 재림 직전 환란 시대가 끝나갈 무렵 어느 시점에서인가 하늘로 들려 올라가(계 14:1, "환란 후 휴거" - 요한계시록 11장의 "두 증인의 부활"로 대표됨) "어린양의 혼인식"에 참여하게 된다(10절).

달란트의 비유(14-30절)

『천국은 마치 어떤 사람이 먼 나라로 여행하면서 자기의 종들을 불러 그들에게 자기 재산을 맡기는 것과 같으니라. 그가 각자의 능력에 따라 한 사람에게는 다섯 달란트를, 또 한 사람에게는 두 달란트를, 또 다른 사람에게는 한 달란트를 주고 곧 여행을 떠났더라... 누구든지 가진 사람은 더 받게 되어 풍성하게 가지게 될 것이요, 가진 것이 없는 사람은 그 가진 것마저도 빼앗기게 되리라』(14,15,29절).

1. 핵심 내용

주인이 떠나가면서 종들에게 임무를 맡겼다가, 돌아와서는 그 종들과 계산하는 내용이다. 종들은 청지기로서 주인의 재산을 관리하는 자들이다.

2. 교리적인 적용

"종들"은 믿음과 행위로 구원받는 환란 시대의 "유대인 종들"인데, "주인"이신 예수 그리스도께서는 재림 때 돌아오셔서 그 종들을 심판하신다.

종들은 주인이 맡긴 재산을 어떻게 관리하고 얼마나 남겼느냐를 기준으로 심판받는데, 무언가를 남긴 종들은 『**잘하였도다. 착하고 신실한 종아. 네가 적은 일에 신실하였으니 내가 너로 많은 것들을 다스리도록 하리라. 네 주인의 기쁨에 동참하라.**』(21절)라는 칭찬을 받고 그에 상응하는 보상을 받지만, 아무것도 남기지 못한 종은 『**악하고 게으른 종**』(26절)이라는 책망을 받고 "바깥 흑암"에 던져져 울며 이를 갈게 된다(30절). 즉 지옥에 던져지는 것인데, 이것은 결코 "교회 시대의 교리"로 적용할 수 없다. 왜냐하면, 교회 시대의 성도들은 주인에게 유익하지 못하고 쓸모없는 종들로 살았다고 해서 구원을 잃어버리지는 않기 때문이다. **이처럼 "행위의 열매"에 따라 구원이 결정되는 것은 교리적으로 교회 시대의 그리스도인들이 아닌 환란 성도들에게 적용된다.**

3. "달란트의 비유" vs. "열 므나의 비유"(눅 19:11-27)

"달란트의 비유"는 "**천국의 비유**"(14절)이고, "열 므나의 비유"는 "**하나님의 나라의 비유**"(눅 19:11)이다.

"달란트의 비유"에서는 유대인의 무게 단위 "**달란트**"가 사용되었고, "열 므나의 비유"에서는 이방인의 무게 단위 "**므나**"가 사용되었다.

"달란트의 비유"에서는 종들의 수가 "**세 명**"이 등장하지만, "열 므나의 비유"에서는 이방인의 수인 "**열 명**"이 등장한다.

"달란트의 비유"에서는 각자의 능력에 따라 각 종에게 "**서로 다른 양**"의 달란트가 주어졌고, "열 므나의 비유"에서는 각 종에게 "**같은 양**"의 므나, 곧 한 므나씩 주어졌다.

"달란트의 비유"에서는 쓸모없는 종이 "**지옥에 갔지만**," "열 므나의 비유"에서는 지옥에 가지는 않고 "**유업만 잃었을 뿐**"이다. "달란트의 비유"는 "**환란 성도들**"에게 적용되고, "열 므나의 비유"는 "**교회 시대의 성도들**"에게 적용된다.

양과 염소로 구분되는 민족들의 심판(31-46절)

『인자가 그의 영광 중에 오고, 또 모든 거룩한 천사들이 그와 함께 오면 그때에 그가 그의 영광의 보좌에 앉으리니 그 앞에 모든 민족들을 모아 놓고 마치 목자가 양들을 염소들에서 갈라놓듯이 그들을 따로 갈라놓으리라』(31,32절).

1. 핵심 내용

본문은 "비유"가 아니며, 재림 때 "인자"이신 주 예수 그리스도께서 영광 중에 이 땅에 오셔서 영광의 보좌에 앉으시어 이방 민족들을 심판하실 "실제 사건"을 다루고 있다. 한편 "민족들의 심판"은 "백보좌 심판"이나 "그리스도의 심판석"과 구분된다.

2. 성경적인 해석

심판의 시기와 장소 - "인자이신 예수 그리스도께서 지상에 세워질 영광의 보좌에 앉으실 재림 때" 있을 심판이다. 반면에 "백보좌 심판"은 재림 이후 천 년이 지난 뒤에 공중에서 있게 될 심판이고, "그리스도의 심판석"은 재림 이전 교회의 휴거 이후 셋째 하늘에서 있을 심판이다.

심판의 대상 - "민족들"이 심판을 받는다. 한편 "백보좌 심판"과 "그리스도의 심판석"은 "민족들" 위주의 심판이기보다는 지극히 "개별적"인 심판이다. 특히 "백보좌 심판"은 주로 구원받지 않은 죄인들을 대상으로 하는 심판이고, "그리스도의 심판석"은 오직 교회 시대의 구원받은 그리스도인들만을 대상으로 하는 심판이다. 그러나 본문의 심판은 대환란을 통과한 민족들이 받는 심판이다.

심판의 기준 - **『내 형제들』**(40절), 곧 "예수 그리스도의 형제들인 유대인들"을 어떻게 대했는가에 근거해서 심판을 받는다.

심판의 결과 - 왕국이 임하기 직전, 곧 재림 전 "환란 시대"에 유대인들을 잘 대우하고 보호한(35-40절) 이방인들은 "양들"(선한 민족)로 분류되어 천년왕국을 이어받게 되고(34절), 적그리스도의 편에 서서 잘 보호해 주지 않고 괴롭히고 박해한(42-45절) 이방인들은 "염소들"(악한 민족)로 분류되어 마귀와 그의 천사들을 위해 준비한 영원한 불 속으로 들어가게 된다(41절). **『그러므로 이들은 영원한 형벌에 들어갈 것이라. 그러나 의인들은 영원한 생명으로 들어가리라』**(46절).

■ 새롭게 깨달았거나 적용할 내용이 있다면 적어 보세요. ■

제2과 복습문제

1. "열 처녀의 비유"는 교리적으로 교회 시대에 적용된다. 왜냐하면, 교회는 예수 그리스도의 신부로서 "순결한 처녀"로 묘사되기 때문이다. (O , X)
2. "열 처녀의 비유"에 의하면 환란 시대에는 성령 하나님께서 성도들을 떠나실 수 있다. (O , X)
3. "달란트의 비유"는 "열 므나의 비유"와 똑같은 비유이다. (O , X)
4. "달란트의 비유"는 교리적으로 "환란 시대에 지상에 남겨진 유대인 종들"에게 적용된다. (O , X)
5. "열 므나의 비유"에서는 "달란트의 비유"에서처럼 무언가를 남기지 못한 쓸모없는 종들이 지옥에 던져진다. (O , X)
6. "민족들의 심판"은 "백보좌 심판"과 같은 시기에 이루어진다. (O , X)
7. "민족들의 심판"의 기준은 "교회 시대"에 예수 그리스도의 형제들인 유대인들을 어떻게 대우하고 보호해 주었는가에 있다. (O , X)
8. 『그때에 왕이 왼편에 있는 자들에게도 말하기를 '너희 저주받은 자들아, 내게서 떠나 마귀와 그의 천사들을 위하여 준비한 (   ) 속으로 들어가라』(마 25:41).

■ 새롭게 깨달았거나 적용할 내용이 있다면 적어 보세요. ■

NOTES

제3과
새 언약을 제정하신
예수 그리스도(26장)

『또 잔을 가지고 감사를 드린 후에 그들에게 주시며 말씀하시기를 "이것을 모두 마시라. 이는 이것이 죄들을 사하심으로 인하여 많은 사람을 위해 흘리는 나의 새 언약의 피이기 때문이라』(마 26:27,28).

새 언약의 피

예수님의 지상 사역은 마태복음 26장에서 붙잡히시고, 27장에서 십자가에 달리심으로써 사실상 마무리된다. 특히 26장에는 "새 언약"(New Testament)의 피가 언급된다. 그리고 히브리서 9:16,17에서 "유언"(testament)은 유언한 사람이 죽은 후에야 효력이 있다고 말씀하시기 때문에, 새로운 유언, 즉 "신약"은 마태복음 1장이 아닌 27장에서 시작된다.

예수 그리스도의 사역은 27장을 기점으로 왕국 복음에서 은혜의 복음으로 전환된다. 이는 26장에서 죽으실 것(2절)과 장사되실 것(향유, 12절)과 부활하실 것(32절)을 예언하신 예수님께서 27장에서 실제로 죽으시기 때문이다. 다시 말해 은혜의 복음에 관한 핵심요소가 26장에서 모두 제시되고 있다. 무엇보다도 그 피는 유대인들에게 주어진 "첫 언약 때 흘려진 피"(동물의 피, 히 9:18-20)가 아니라, 많은 사람을 위해 흘리는 "새 언약의 피," 곧 "하나님의 피"(행 20:28)이다. "첫 언약"은 불완전하고 영원하지 못했으며, 그 피로는 죄를 덮을 뿐 결코 깨끗하게 하지는 못했다(출 34:7). 반면에 "새 언약의 피"는 온전한 속죄가 가능한 "예수 그리스도의 피"이다. 그러므로 "신약"(new testament)의 성도들은 구원을 의심하거나 구원의 영원한 보장에 대해 염려할 필요가 없다. 이는 죄에 대한 심판이 십자가에서 이루어졌고 예수 그리스도의 피를 믿는 성도들의 죄는 더 이상 기억되지 않기 때문이다.

죽으심에 관한 "예언"(1-5절)

2절에서 예수님께서는 "이틀 후면 유월절"이라는 말씀과 함께 자신이 어떠한 죽음으로 넘겨질 것인가를 예언하신다. 말하자면 주님의 죽으심이 예언에 따라 이루어지는 것이지, 종교지도자들의 악한 계책에 따른 것이 아니라는 점을 분명히 하시는 것이다(4절). 이처럼 모든 일은 하나님의 약속에 따라 이루어지므로, 성경은 오늘날 그리스도인들에게도 "악인들의 계책"에 대해 초조해하지 말고 오직 "주 안에서 쉬고 인내하며 기다리라"고 권면한다(시 37:7). 지금 본문은 화요일 오후 6시 전에 있었던 일로, 유대인의 시간 개념으로 보면 유월절 양을 먹는 때인 수요일 오후 6시 이후까지, 곧 유월절까지 이틀이 남은 셈이다.

이제 예수 그리스도를 대적하는 중심에 서 있는 제사장들이 본색을 드러내기 시작한다. 그들은 나사로를 살리신 직후부터 예수 그리스도를 죽일 음모를 꾀했는데(요 11:47-50), 유다 이스카리옷도 이 사실을 알고 있었기에 주님을 배반하려 할 때 그들을 찾아간 것이다(14절, cf. 레 13:9). 그들은 "주의 일꾼들"(욜 1:9)임에도 오히려 하나님의 자리에 앉아 메시아로 오신 예수 그리스도를 죽일 것을 논의했고, 자기들의 의를 하나님의 의보다 더 중요시했기 때문에 주님을 죽이는 것도 "명절에는 하지 말자"(5절)고 의논했던 것이다.

"장사되심"을 예비한 베다니 사건(6-13절)

6-13절의 내용은 예수님께서 "베다니에 있는 문둥병자 시몬의 집에 계실 때"(6절) 일어난 사건으로 주께서 예루살렘 입성 전, 곧 "유월절 엿새 전"에 일

어난 사건이다(요 12:1-8). 그런데도 이 사건이 이곳에 "삽입"되어 있는 이유는 마태복음 26장이 "예수 그리스도의 죽으심을 다루는 장"이기 때문이다(12절). 본문 7절의 이 여인은 "매우 값진 향유"(감송 향유, 막 14:3, 요 12:3)가 든 옥합을 가지고 와서 식사하시는 예수님의 머리와 발에 붓는다(요 12:3). 이때 가장 먼저 불평하고 나선 자가 바로 예수님을 배반할 "유다 이스카리옷"이었다(요 12:4,5). 그는 여느 제자들처럼 예수님과 동행했고, 왕국 복음을 위임받아 천국의 표적을 행했던 자다(마 10장). 하지만 성경은 그를 도둑이요(요 12:6), 심지어 마귀라고까지 말한다(요 6:70). "그의 탐심"(15절, cf. 막 13:1)에서 나온 이러한 불평은 결국 다른 제자들도 감염시켰다. 『**이 무슨 낭비냐? 이 향유를 많은 돈을 받고 팔아서 가난한 사람들에게 줄 수 있었겠노라.**』(8,9절)라는 제자들의 말을 통해 하나님을 사랑하는 것보다는 가난한 이웃을 염려하며 오히려 둘째 계명을 중요시하는 그들의 인본주의적인 위선자의 모습을 엿볼 수 있다(17절, cf. 마 15:8,9). 그런 제자들을 향해 예수님께서는 "어찌하여 이 여인을 괴롭히느냐? 이 여인은 나를 위하여 좋은 일을 했다"고 말씀하신다(10절). 또한 그것은 "내 장사를 위하여 한 것"이라고 말씀하신다(12절). 사실상 괴로워한 것은 그녀가 아니라 주님이시다. 주님은 진노의 잔을 앞에 두시고 겟세마네에서 슬퍼하시며 심히 괴로워하신다(37절). 자기의 죽음을 앞둔 상황에서 그녀가 주님을 위해 행했던 그 일은 좋은 일이며, 또한 주님의 죽으심을 예비하는 일이었기에 더욱 그러했다. 우리가 여기서 눈여겨볼 것은 『매우 값진 향유』(7절)를 예수님의 머리에 부은 여인과 『이 무슨 낭비냐?』(8절)라며 발끈하는 제자들의 대조적인 모습이다. 이러한 대조적인 모습은 주께서 빵과 잔을 가지고 축복하신 후에 "찬송을 하며 올리브 산으로 향한 제자들"(26-30절)과 "주를 버리고 도망간 제자들"(56절)의 모습에서도 여실히 드러난다. 그리고 주님은 이 여인이 행한 이 일에 대해 『**그녀를 기념하리라.**』(13절)라는 말씀으로 마무리하고 계신다.

기회를 엿보는 유다 이스카리옷(14-16절)

14절의 『그때』는 제사장들과 서기관들이 예수님을 죽이려고 의논을 하던 바로 그때다(3-5절). 이때 유다가 선임 제사장을 찾아온 것이다. 유다 이스카리옷은 "크리옷 사람 유다"라는 뜻이지만, 사복음서에서는 그를 가리켜 "열둘 가운데 하나"(14,21,47절)라는 특별한 표현을 사용하고 있다(눅 22:3,47, 막 14:10,20). 이것은 열둘 가운데 있지만 다른 제자들과 분리되어 있음을 분명하게 나타내고 있다. 특히 주님을 배반하는 상황에 이러한 표현을 사용하고 있음에 주목해야 한다. 그에게는 "시몬"이라는 인간 아버지가 있었지만(요 13:26), 그는 인간이 아니라 "마귀"다(요 6:70,71). 열둘 가운데 하나인 유다 이스카리옷은 돈을 바라고, 주님을 넘겨줄 것을 제사장들과 약정했다(14,15절). 주님의 값으로 매겨진 "은 삼십"은 구약에서는 "노예의 몸값"(출 21:32)이요, "여자가 서원한 값"(레 27:4)이다. 무엇보다 유다가 은 삼십 개를 받은 것은 스카랴 11:13의 예언의 말씀에 대한 성취이며, 이로써 그가 우상 목자, 곧 적그리스도임을 알 수 있다. 이제 그는 주를 넘겨줄 기회를 엿본다. 선임 제사장들과 바리새인들은 늘 이런 기회를 엿보았으나 여의치 않았었다(마 21:46). 따라서 이 일이 이루어진 것은, 유다가 주를 넘겨줄 기회를 엿보았기 때문이 아니라, 주님께서 말씀하신 "나의 때"(요 2:4)가 이르렀기 때문이었다.

유월절을 준비하는 주의 제자들(17-20절)

이 일은 화요일 오후의 일로, 제자들은 "주를 위하여" 유월절 양을 잡수실 자리를 어디에 마련할지를 묻고 있다(17절). 하지만 주님은 "모든 죄인들을 위하여" 자신을 어린양으로 드릴 준비를 하고 계신다(18절, "내 때가 가까우니"). 그러면서 성읍의 "어떤 사람"을 지명하시는데, 그에게 "선생님께서 이렇게 말씀하신다."라고 말하라고 제자들에게 명령하신다(18절). 여기서 "선생님"이라는 호칭은 나귀를 끌고 오게 하실 때 "주께서 그것을 쓰신다."(마 21:3)라는 명령에서 사용된 "주"라는 호칭과 매우 대조적이다. 즉 예수님께서는 이미 유다가 배반할 것을 알고 계셨던 것이다(25절).

이제 유월절 준비가 끝나자 저녁이 되었다(19,20절). 특히 17절에서는 이날을 가리켜 "무교절의 첫날"이라고 말하고 있다. 유월절은 유대력으로 아빕월(1월) 14일이고, 무교절은 15일부터 시작되는 1주일간의 기간이다(레 23:6). 사복음서에서는 이 유월절과 무교절이 한 기간으로 간주된다["유월절 양을 잡아야 하는 무교절"(눅 22:7), "무교절의 첫날, 즉 유월절 양을 잡는 날"(막 14:12)]. 즉 "무교절의 첫날"은 유월절인 것이다(눅 22:1). 유월절 양은 유월절 저녁 여섯 시 이전에 잡고, 여섯 시 이후에 그 양을 먹게 되면 이미 그다음 날이 된다. 그러므로 "무교절의 첫날, 곧 유월절 양을 잡아야 하는 무교절"이 되었다는 것은 유월절 양을 오후 여섯 시 이전에 "잡아야 하는"(must be killed, 준비) 그날이 시작되었다는 말이 된다. 즉 여섯 시 이후 유월절 양을 "잡는"(kill, 실행) 날이 시작되었다는 것이다.

예수님께서는 정확하게 이날 잡히시고 죽으셨는데, 이것을 시간적인 순서로 정리하면(유대인의 시간 개념은 오후 6시에 하루가 시작됨) 다음과 같다. ❶ 화요일 오후에 만찬이 준비되고(19절), ❷ 그날 저녁에 "주의 만찬"을 행하신다(20절). 그리고 ❸ 주님은 "그날 밤"에(31,34절) 자신이 "넘겨질 것"을 말씀하신다. ❹ 그다음 날인 "수요일 아침"이 되자(마 27:1), 예수님을 사형에 처하려고 대적들이 의논한다. 이제 주님은 십자가에 달리시는데, ❺ 같은 날 정오 12시에 어두움이 온 땅을 덮은 채(제육시부터 제구시까지, 마 27:45), ❻ 오후 3시경(제구시, 마 27:46-50)에 숨을 거두신다. **만찬을 행하시고 무리들에게 붙잡히시어 죽임을 당하신 이 모든 일이 유대인의 시간 개념으로는 결국 같은 날에 이루어진 것이 된다**.

주를 배반한 유다 이스카리옷(21-25절)

십자가에 넘겨질 것을 예언(2절)하신 주님께서 제자들에게 그들 가운데 한 사람이 자신을 배반할 것이라며 또 다른 "예언"(경고)을 하고 계신다(21절). 『**주여, 그가 나니이까?**』(22절) 이 장면을 상세히 기술하고 있는 요한복음에서 다른 제자들과 달리 요한은 『**주여, 그가 누구니이까?**』(요 13:25)라고 묻는다. "예수께서 사랑하시던 제자"(요 13:23)라 불린 요한은 예수님의 품에 가까이 기대어서 물었고, 그가 누구인지를 알았다. 하지만 다른 제자들은 듣지 못했기에 유다가 주님과 함께 그릇에 손을 넣었어도 그에 대한 적개심을 품지 않았던 것이다(23절).

그때 유다는 『**선생님, 그가 나니이까?**』라고 물었다(25절). **제자들이 간혹 예수님을 "선생님"이라 부르기는 했지만, 지금은 "주님의 죽으심"을 눈앞에 둔 특별한 자리다. 따라서 "주"라고 불러야 할 자리에서 "선생님"이라고 불렀다는 것은 유다 이스카리옷이 다른 제자들과 다르다는 것을 보여 주고 있다**. 무엇보다도 그는 예수 그리스도를 "주"라고 부른 적이 없다. 이것은 사탄이 예수 그리스도를 "지극히 높으신 하나님의 아들 예수여"(눅 8:28), "네가 하나님의 아들이면"(눅 4:3)이라고는 말했어도, 결코 "주"라고 시인한 적이 단 한 번도 없었던 것과 마찬가지다. **여기서도 주님께서는 유다의 배반으로 십자가에 못 박히시는 것이 아니라 예언에 따라 이루어지는 것임을 재차 강조하고 계신다(24절)**.

"주의 만찬"(26-27절)

이 사건은 소위 "성만찬"으로 불리는데, 성경적으로 정확한 용어는 "주의 만찬"이다(고전 11:20). **이 의식은 식사가 진행되는 동안 행해졌고(21,26절), 주님께서 빵과 잔을 가지고 축복하시며 만찬을 이어가고 계신다. 주의 만찬에서 사용된 것은 결코 포도주가 아니라 포도즙이다(27절).** 바리새인들이 예수님을 술을 즐기는 자라고 비방했지만(마 11:19), 성경 어디에도 예수님께서 술을 마신 증거가 없다. 특히 29절에서는 "**이 포도 열매에서 난 것**"(of this fruit of the vine)을 말씀하심으로써 그들이 마신 것은 "**발효되지 않은 순수한 포도즙**"임을 증거하고 계신다. 따라서 29절의 "새 것"은 "새 포도주"(즙)를 의미하는 것이며, 선지자 이사야도 이에 대해 "포도송이에 새 포도주가 보이면"(사 65:8)이라고 설명한다. 즉 "새 포도주"는 술잔에 있지 않고 "포도송이"에 있다. 다시 말해 포도송이에서 막 짜낸 발효되지 않은 포도즙이다. 신명기 32:14에서도 이스라엘이 광야에서 마신 포도즙을 "포도의 순수한 피"(한글개역성경에서는 "포도즙의 붉은 술"로 변개시켰음)라고 묘사하는데, 이는 예수 그리스도의 피를 상징한다. 그러므로 포도주는 주의 만찬에서 결코 사용할 수 없다. 오히려 성경은 여러 곳에서 "술"을 금하고 있다(잠 20:1; 23:31; 31:4).

■ 주의 만찬을 오해한 로마카톨릭의 화체설 ■

❶ 주님의 살과 피를 매주 먹고 마시지 않으면, 구원을 잃어버릴 수 있다. 그들은 "빵과 포도주"를 실제적인 그리스도의 살과 피("성체")로 여기며, 주님의 살과 피인 빵과 포도주를 매주 먹고 마시지 않으면 구원을 잃어버린다고 주장한다. 이를 합리화하기 위해 유다

이스카리옷이 "주의 만찬"(고전 11:20)에 없었다며 궁색한 변명을 하고 있다. 하지만 "마귀인 유다"(요 6:70)는 주의 만찬의 자리에 분명히 있었고, 이후 죽어서 "자기 거처"(행 1:25)인 끝없이 깊은 구렁으로 들어가고 말았다(계 9:1-11).

❷ 신부가 축복하는 순간 빵과 포도주가 예수님의 살과 피로 변한다(화체설). 그들은 매주 피의 사육제를 행하고 있다. 반면 성경은 피가 "율법 이전"(창 9:1-5)에도, "율법 아래"(레 17장)에서도, 그리고 "율법 이후"(행 15:20,29)에도 금하고 있음을 보여 주고 계신다. 그러나 그들은 요한복음 6:51,54과 마태복음 26:26-28을 문자 그대로 적용하며 가증하게 행하는 것이다. 하지만 성경은 이들의 거짓 주장을 반박하고 계신다. 『살리는 것은 영이니, 육은 전혀 무익하니라. 내가 너희에게 한 말들은 영이요, 생명이라』(요 6:63).

"새 언약의 피"(28-30절)

예수님께서 드디어 『새 언약[New Testament]의 피』(28절)를 언급하신다. 주님은 카나의 혼인식에서 "그들에게 포도주가 없다"라는 말에 『**나의 때가 아직 이르지 아니하였나이다.**』(요 2:4)라는 말씀으로 응대하셨다. 이것은 주께서 죽으실 때가 아직 이르지 않았다는 말이다. 그들은 육신을 위해 마실 포도주를 구했으나, 주님은 그들에게 참다운 영적 음료인 "새 언약의 피"가 필요한 것을 알고 계셨다. 그렇기에 새 언약의 피를 상징하는 새 포도주를 때가 이르기 전에 그들에게 주신 것이다(요 2:10). 그런 주님께서 드디어 자신의 죽으심을 유언하는 "새 언약의 피"에 대해 언급하고 계신다(28절). "언약"에 해당하는 영어 단어 "testament"는 유언이라는 의미를 갖고 있다. 히브리서 9장에서 이것에 대해 잘 설명하고 있다. 히브리서 9장에 따르면, "언약"은 누군가의 죽음과 관련된 것으로 "첫 언약 때 흘려진 피"(히 9:18-20)와 "새 언약의 중보자로서 죽으시는 것"(히 9:15)이 대조된다. 사실 "**첫 언약**"은 불완전하고 영원하지 못했는데, "**동물의 피**"로는 죄를 덮을 뿐 결코 깨끗게 되지는 못했기 때문이다(출 34:7). 그래서 완전하고 영원한 속죄를 가져올 "**새 언약**"이 필요했다. 이 새 언약은 온전한 속죄가 가능한 "**예수 그리스도의 피**"를 통해 시작될 수 있는 언약이다(히 9:16,17).

이제부터 왕국 복음으로 일관하던 마태복음이 은혜의 복음으로 전환된다. 그러므로 "신약"(New Testament) 성도들은 구원을 의심하거나 구원의 영원한 보장에 대해 염려할 필요가 없는데, 이는 죄에 대한 심판이 십자가에서 이루어졌고 예수 그리스도의 피를 믿는 성도들의 죄는 더 이상 기억되지 않기 때문이다. 한편 "**새 언약"(New Covenant)**은 이스라엘의 회복과 관련된 것으로서, 그들이 대환란을 통과한 이후 팔레스타인 땅으로 돌아올 무렵에 재림하시는 예수 그리스도께서 천년왕국에서 "**이스라엘 집과 유다 집과 더불어**" 맺으실 언약이다(히 8:8). 이 언약을 맺은 유대인들의 죄가 용서되고 기억되지 않는데, 이는 "대환란"이라는 심판을 통해 유대인들의 죄를 심판하셨기 때문이다.

"목자를 치리니 양떼가 흩어지리라"(31-35절)

예수 그리스도께서는 유다 이스카리옷의 배반에 이어 제자들의 실족을 "예언"(경고)하고 계신다(31절). 삼 년 반 동안 제자들은 주님께서 행하신 수많은 기적을 보았는데, 그런 그들에게 "실족"이라니! 하지만 예수님께서는 "기록되기를"(31절, 슥 13:7)이라는 말씀을 하시면서 모든 것이 성경대로 이루어질 것을 예언하셨고, 또한 실제로도 그대로 이루어졌다(56절). 그런 제자들의 마음을 잘 알고 계신 주님께서는 자신이 다시 살아나실 것도 약속하셨다(32절). 그러나 그들은 주님의 말씀에 아랑곳하지 않고 자신들이 "결코" 실족하지 않을 것이라며 자기 열성만을 토로했다. 늘 그러했듯이 이때도 열성적인 베드로가 가장 먼저 입을 열었고, 이에 주님은 그런 베드로에게 "진실로" 그가 세 번 부인할 것을 "예언"(경고)하셨다(33-35절). 베드로와 제자들은 하나님의 말씀을 무시했지만, 하나님의 말씀대로 베드로는 세 번 부인했고 그들은 흩어졌다.

특히 예수 그리스도께서 부활하신 후에 그들보다 먼저 갈릴리로 가신다는 예언(32절)은 "마가복음 16:7과 요한복음 21장"에서 이루어지는데, 이때도 베드로는 다른 제자들과 구별된 상태에서 그 약속의 성취를 경험하게 된다. 실족하여 흩어진 양들이 갈 곳은 뻔했다. 주님을 향한 열성에도 불구하고 목자 없는 그들이 갈 곳은 과거에 직업 어부로 살았던 갈릴리임을 예수님은 잘 알고 계셨기에, "부활하신 후에 그들보다 먼저 갈릴리로 갈 것"이라고 말씀하신 것이다. 주님께서 부활하시어 그들을 먹이시기 전까지 그들은 무력할 수밖에 없었다(요 21:12,13). 이를 그리스도인들에게 적용하면, "주 없이 살 수 없네"라는 찬송은 모든 그리스도인의 진솔한 고백이 되어야 한다.

■ 새롭게 깨달았거나 적용할 내용이 있다면 적어 보세요. ■

제3과
복습문제

1. 예수 그리스도의 사역은 마태복음 27장에 이르러 "왕국 복음에서 (   )의 복음"으로 전환된다. 이는 마태복음 26장에서 죽으실 것과 장사되실 것과 부활하실 것에 대해 언급하신 예수님께서 27장에서 실제로 죽으시기 때문이다.

2. 본문 6절의 "베다니에 있는 문둥병자 시몬의 집"에서 일어난 사건은 유월절 엿새 전에 일어난 사건이다. 그런데도 이 사건이 마태복음 26장에서 "삽입되어" 묘사된 이유는 26장이 "예수 그리스도의 (   )"을 다루는 장이기 때문이다(마 26:12).

3. 유월절을 앞둔 제자들은 "주를 위하여" 유월절 양을 잡수실 자리를 어디에 마련할지를 주님께 물었다. 하지만 주님께서는 모든 죄인을 위하여 자신을 어린양으로 드릴 준비를 하고 계셨다. (O , X)

4. 십자가의 죽으심을 앞두신 주님은 제자들에게 빵과 잔을 가지고 축복하시며 만찬을 이어가고 계신다. 특히 "이 포도 열매에서 난 것"(of this fruit of the vine)이라는 표현에서 보듯이, 그들이 마신 것은 포도주가 아니라 "발효되지 않은 순수한 (   )"이다.

5. 구약에서 "동물의 피"를 통해 맺어진 "첫 언약"은 불완전하고 영원하지 못했다(출 34:7). 따라서 완전하고 영원한 속죄를 가져올 "새 언약," 곧 "온전한 속죄"가 가능한 (   )의 피를 통해 시작될 수 있는 새로운 언약이 필요했다(히 9:16,17).

NOTES

NOTES

제4과
겟세마네에서 붙잡히신 주님(26장)

『"너희가 강도에게 하듯이 나를 잡으려고 칼과 몽둥이를 가지고 왔느냐?… 그러나 이 모든 일이 된 것은 선지자들의 성경이 이루어지게 하려 함이라"』(마 26:55,56).

겟세마네에서의 제자들

마태복음 26:36부터 마지막 절까지는 겟세마네에서 고뇌 가운데 기도하시는 주 예수 그리스도의 모습과 제자들의 상반된 모습이 담겨 있다. 땀이 핏방울처럼 흐르며 기도하시는 주님의 모습과는 너무나 대조적인 모습들이 함께 등장하는 것이다. 핵심 제자인 베드로와 야고보와 요한이 주님께서 세 번 기도하시는 내내 잠들어 있었고(36-45절), 유다 이스카리옷이 주를 배반하며 입 맞추었으며(49절), 칼과 몽둥이로 주님을 잡으러 온 제사장들의 모습이(55절) 상반되고 대조적이다. 대조적인 모습들 가운데 절정은 주님을 따르는 일에 항상 앞장섰던 수제자 베드로가 주님을 세 번이나 강력하게 부인하는 모습이다(75절).

주님의 당부(36-38, 40, 41절)

제자들과 함께하시는 마지막 시간이 "겟세마네"라는 곳에서 전개되고 있다. 주님은 열두 제자들 가운데 핵심 인물인 베드로와 세베대의 두 아들(야고보와 요한)을 따로 데리고 기도하러 가신다. 주님은 『**내 혼이 심히 슬퍼 죽을 지경**』이라고 말씀하실 정도로 고뇌하셨다(38절). "겟세마네"는 "올리브 틀"이라는 뜻인데, 올리브기름은 "성령님의 모형"이다. 레위인들은 성소의 등불을 켤 때 『**찧어 낸 순수한 올리브 기름**』으로 켜서 꺼뜨리지 말아야 했다(레 24:2). 이것은 주님께서 그들에게 기도하실 때 『**나와 함께 깨어 있으라.**』(38절)라고 말씀하신 것과 맥을 같이하고 있다. 누가복음에서는 이 사건을 상세히 묘사하고 있는데, 땀이 핏방울처럼 되어 땅에 떨어졌으며(눅 22:44), 한 천사가 나타나서 주님께 힘을 돋우어 주었다고 기록하고 있다(눅 22:43). 이러한 모습은 항상 기도를 통해 아버지 하나님께 의뢰하시는 예수 그리스도의 생애를 단적으로 보여 주고 있다.

"**깨어 있으라**"(38,41절)는 주님의 당부는 그들로 하여금 시험에 들지 않도록 하시기 위한 것이었다(마 6:13). 하지만 아무런 소용이 없었다. 37절에서 베드로를 세베대의 두 아들과 구분 짓고 계신 것은 베드로가 다른 두 제자보다 시험에 들지 않도록 더욱 깨어 있어야 함을 암시하고 있다. 베드로를 향해 『**나와 함께 한 시간도 깨어 있을 수 없더냐?**』(40절)라는 예수님의 질문은 33절에서 "결코 자신은 실족하지 않겠다"라고 자신만만해 한 그의 모습을 상기시키고 있다. 하지만 결국 베드로는 삼킬 자를 찾아 두루 다니는 울부짖는 사자에게 걸려들고 말았다(75절). 주님은 아끼시던 제자들을 위해 모든 것, 심지어 생명까지도 내어주시려 하지만 그들은 불과 한 시간조차 깨어 있지 못한 것이다. 그런 가운데서 행해진 "**주님의 기도**"는 "목자"의 외로운 기도였고 자신의 간구를 진솔하게 하나님께 아뢰는 "진지한" 기도였으며, 자기 뜻보다는 "하나님의 뜻을 먼저 구하는" 기도였다. 무엇보다도 세 번에 걸친 "끈질긴" 간구임을 보여 주고 있다.

■ 깨어 있으라(WATCH) ■

❶ 말씀(Words)에 깨어 있으라(벧후 1:19).

❷ 행동(Action)에 깨어 있으라(딛 2:6).

❸ 생각(Thoughts)에 깨어 있으라(벧전 1:3).

❹ 동료들(Companions)에 깨어 있으라(딤후 1:3).

❺ 마음(Heart)에 깨어 있으라(빌 2:21).

『깨어 있으라. 믿음 안에 굳게 서라. 남자답게 처신하라. 강건하라』(고전 16:13).

겟세마네에서의 "주님의 기도"(39,42,44절)

예수 그리스도의 간구는 "아버지의 잔"을 지나가게 해 달라는 것이었다(39절). 이 잔은 육체의 "죽음"을 말하는 것이 아니다. 이 잔은 하나님의 "진노," 곧 죄인에게 내리시는 "진노의 포도주"인 심판을 의미한다(렘 25:15 - "민족들에 대한 심판," 사 51:17 - "예루살렘에 대한 심판," 시 75:8, 계 14:10 - "환란 때 짐승의 표를 받은 악인에 대한 심판"). 하지만 예수님의 간구에 대한 하나님의 응답은 "No"이었고, 결국 그 진노는 죄 없으신 예수 그리스도께 내려지고 말았다. 『**하나님께서 죄를 알지도 못하는 그를 우리를 위하여 죄로 삼으신 것은 우리로 하여금 그 안에서 하나님의 의가 되게 하려 하심이라**』(고후 5:21). 만일 겟세마네에서의 기도가 하나님께 받아들여졌다면, 우리는 모두 지옥에 던져지는 비참한 신세가 되었을 것이다. 따라서 우리는 "No"라고 응답되는 기도에 대해 염려하거나 낙심하지 말아야 한다(빌 4:6, 사 26:3).

주님의 지상 생애는 고난의 연속이었고, 믿지 않던 백성들과 종교지도자들의 배척을 받으셨으며, 머리 둘 만한 곳조차 없는 삶이었다(마 8:20). 그런 주님께서 고난을 받으시고, 십자가에 달리신 것은 "<u>죽음을 두려워하므로 평생을 노예로 속박되어 있는 자들을 놓아주시려는 것</u>"임을 성경은 분명히 밝히고 있다(히 2:15). 주님께서는 이 일에 "<u>친히</u>" 시험을 받아 고난을 당하셨다(히 2:18). 그러므로 겟세마네에서 드린 주님의 기도는 "죽지 않게 해 달라"(from dying)는 것이 아니라, "죽음 자체로부터 구원해 달라"(from dead)는 기도였고, 그런 주님을 하나님께서는 "사망에서" 일으켜 세우심으로써 구원하셨다(고전 15:55). 『**하나님께서 그를 사망의 고통에서 풀어 살리셨으니 이는 그가 사망에 매여 있을 수 없었기 때문이라**』(행 2:24). 그러므로 이제는 더 이상 히브리서 5:7을 근거로 겟세마네에서의 기도를 "주님께서 죽음을 두려워함으로써 드린 기도"라고 주장하는 자들에게 속아서는 안 된다. 『**그는 육체로 계시는 날들 동안** [그렇다! 예수님께서는 겟세마네에서뿐만 아니라 이 땅에 계시는 내내 늘 아버지께 간구하셨다] **자기를 사망에서 구원하실 수 있는 분께** [그렇다! 아버지께서 예수 그리스도를 죽음 자체로부터 일으키셨다] **심한 통곡과 눈물로 기도와 간구를 드렸고 하나님께서는 그의 두려워하심을 인하여** [그렇다! 예수님께서는 늘 아버지의 뜻을 행하셨다] **들으셨느니라**』(히 5:7).

도망하는 "제자들"(47-56절)

드디어 주께서 배반당하시는 순간이 다가왔다. 예루살렘 입성 때 "호산나"를 외치며 주께 모여들었던 "큰 무리"(21:8,9)와는 달리, 이 무리는 주님을 붙잡으려는 무리로서 선임 제사장들과 백성의 장로들에게서 온 무리다(47절). 주님은 큰 무리로 인해 잡히신 것이 아니라 성경대로 붙잡히신 것이다(53,54절). 이 무리 앞에 지금 "배반자 유다"가 서 있고, 그런 그를 주님은 "**친구여**"라고 부르고 계신다(50절). 이 표현은 마태복음 22장의 "혼인식의 비유"에도 등장하는데, 그 친구는 "**초대받지 않은 손님**"(마 22:12)으로서 제자들 가운데 끼어 들어온 "유다"가 여기에 해당한다. 특히 유다 이스카리옷의 배신을 예언한 시편 55:12,13에서도 그를 "**벗**"이라고 칭한다.

■ 내가 그니라(I am he, 요 18:6) ■

요한복음은 다른 복음서들에 비해 예수 그리스도의 신성을 많이 묘사하고 있는데, 주님께서 잡히시던 그 밤에도 이 부분이

여실히 드러나고 있다. 특히 『내가 그니라.』(요 18:6)라는 말씀에 주님을 잡으러 온 무리는 뒤로 물러서서 땅에 엎드리고 만다. 이 말씀은 자신이 하나님이심을 증명하는 말씀이기 때문이다(cf. 출 3:14). 이처럼 권위 있는 말씀 앞에 바짝 엎드린 그들은 주님께서 자신을 다시 "나사렛 예수"라고 말씀하시고, 유다가 입 맞추고 난 연후에야 비로소 주님을 붙잡을 수 있었다.

이제 병사들이 주님을 붙잡자(50절), 베드로가 맨 먼저 칼을 빼어 대제사장의 종 "말코"의 귀를 잘라 버렸다(51절, 요 18:10). 이에 주님께서는 『**이제 그만 하라.**』(눅 22:51)라고 말씀하시면서 베드로에게 『**네 칼을 칼집에 꽂으라.**』(52절, 요 18:11)라고 명하신다. 한편 그들에게는 주님을 잡을 기회가 여러 번 있었다. 하지만 주님은 자신의 때가 되지 않았음을 늘 말씀하셨는데, 이제 "그때"가 온 것이다(눅 22:53). 그리고 성경대로 이 모든 일이 이루어진 것임을 말씀하시자, 제자들은 모두 주님을 버리고 도망친다(56절). 주님께서 자신이 피를 흘려 많은 사람을 구원하실 것과(28절) 오늘 밤 그들이 실족함으로써 흩어지게 될 것을(31절) 이미 예언하셨고 그 모든 것이 성경대로 이루어진 것이다.

침묵하시는 예수 그리스도(59-68절)

이제 대제사장들은 신명기 17:6에 명시된 율법에 근거해서 주 예수 그리스도를 합법적으로 처형하려고 한다. 하지만 그들은 시늉만 낸 것뿐이다. 신명기 19:16-19에 따르면, 재판관들은 그 증거가 거짓 증거인지 아닌지를 "<u>충실히 조</u>

사"하되, 만일 거짓으로 밝혀지면 그 거짓 증인에게 죄를 지우고 그 "고소 내용"에 따라 처벌해야 한다. 하지만 대제사장들과 장로들과 온 공회는 거짓 고소를 위한 증거들과 사람들을 물색했던 것이다(59절, cf. 마 26:4). 거짓 증인들은 예수님께서 『**이 성전을 헐라. 그러면 내가 삼 일만에 이것을 다시 세우리라.**』(요 2:19)라고 하신 말씀, 곧 "그분의 죽음과 부활"(요 2:21)을 의미하는 말씀을 『**손으로 지은**』(막 14:58)이라는 말을 "첨가해서" 인용했다(마 4:6, cf. 요 8:44). 그런데도 주님은 이 거짓 증거에 대해 아무런 말씀이 없으셨다(63절, cf. 사 53:7). 반면 자신의 신성에 관한 질문에 대해서는 "그렇다"(I am, 막 14:62)라고 분명히 대답하시면서(잠 26:4,5), 재림 때 심판주로 오실 것에 대해 경고하신다. 이때 대제사장들의 반응은 극에 달하게 되고, 결국 그들은 "신성모독"을 주장하며 주님께 사형을 선고했다(65,66절). 선임 제사장들과 서기관들은 예수께서 "유대인의 왕"(마 2:2)으로 태어나셨고, 자기 백성을 죄들에서 구원하고자 오신, 곧 예언된 "유대인의 왕"인 것을 잘 알고 있었다(마 2:4-6). 하지만 그들은 "시기심"(마 27:18)으로 인해 주님을 십자가에 못박았으며, 심지어 "이스라엘의 왕이면 지금 그 십자가에서 내려와 보라."(마 27:42)라고 조롱하기까지 했다.

주님을 부인한 베드로(69-75절)

언제나 주님과 가까이했고, 죽음에까지 주와 함께하고 싶어 했던 베드로는 칼로 주님을 지키려고 했다. 하지만 주님의 명령에 따라 칼을 거둔 베드로는 붙잡혀 가시는 주님을 바라만 봐야 하는 자신의 처지가 고통스러웠다. 그런 심경으로 베드로는 먼발치에서나마 붙잡혀 가시는 주님을 따라갔다(57,58절). 그런 베드로에게 주님께서 말씀하신 "시험의 시간"이 다가왔다. 겟세마네 동산에서 주께서 기도하실 때도 그는 잠을 이기지 못했는데, 죄 없으신 주님을 향해 "개들"(시 22:16)이 에워싸고 있는 이때, 그는 대적들과 함께 불을 쬐고 서 있었다(막 14:54). "종"에서 "친구"로 불리던 베드로가(요 15:15) 다시 "종"들 가운데 서 있게 된 셈이다. 본문 69-75절까지의 상황은 요한복음 18장에서 좀 더 자세히 다루고 있다. 겟세마네에서 붙잡히신 예수님께서는 대제사장 "안나스"(요 18:13)에게로 붙잡혀 가셨고, 그곳에서 "그의 제자들과 그의 교리"에 관하여 질문을 받으셨다(요 18:19). 그리고 다시 대제사장 "카야파"에게로 보내지셨다(요 18:24). 이 과정에서 베드로는 요한과 함께 대제사장 "안나스"의 집에 들어갔다가 거기서 주님을 부인하고 말았다(요 18:15-27). 베드로가 닭이 두 번 울기 전에 주님을 세 번 부인했을 때, 예수님께서 베드로를 쳐다보신 순간에(눅 22:61) 그가 느낀 비통함은 어떠했을까? 수제자였던 베드로뿐 아니라 구약의 수많은 믿음의 영웅들조차도 이처럼 사탄에게 무참히 패배했다. 그러나 왕국을 찬탈하려는 사탄의 끝없는 시도는 십자가를 시작으로 장차 재림하실 주님 앞에서 영원히 사라질 것이다.

■ 새롭게 깨달았거나 적용할 내용이 있다면 적어 보세요. ■

제4과
복습문제

1. 겟세마네에서 고뇌 가운데 기도하신 예수님께서는 땀이 핏방울처럼 흘러내릴 정도로 기도하시면서 베드로와 야고보와 요한에게 하신 당부의 말씀은 "잠들지 말라"는 것이었다. (O , X)

2. 겟세마네에서 드린 주님의 기도는 "죽지 않게 해 달라"(from dying)는 것이 아니라, "죽음 자체로부터 구원해 달라"(from dead)는 기도였다. (O , X)

3. 아직 자신의 때가 되지 않았음을 늘 말씀하셨던 주님께서 자신이 피를 흘려 많은 사람을 구원하실 것과(28절) 오늘 밤 그들이 실족하여 흩어지게 될 것을(31절) 예언하셨다. 결국 이 모든 일은 (   )대로 이루어졌다(고전 15:3-5).

4. 주님을 죽이고자 내세운 거짓 증인들과 증거에 대해 주님은 아무런 말씀이 없으셨고, 또한 자신의 신성에 관한 질문에 대해서도 도살장에 끌려가는 어린양처럼 아무런 말씀이 없으셨다. (O , X)

5. 주님께서 말씀하신 "시험의 시간"이 (   )에게 찾아왔다. 그는 겟세마네 동산에서 주께서 기도하실 때도 잠을 이기지 못했는데, 죄 없으신 주님을 향해 "개들"(시 22:16)이 에워싸고 있는 이때, 그는 대적들과 함께 불을 쬐고 서 있었다(막 14:54).

■ 새롭게 깨달았거나 적용할 내용이 있다면 적어 보세요. ■

NOTES

제5과
빌라도의 재판과 갈보리 십자가(27장)

『제구시경에 예수께서 큰 음성으로 소리질러 말씀하시기를 "엘리, 엘리, 라마 사박타니?" 하시니, 이는 "나의 하나님, 나의 하나님, 어찌하여 나를 버리셨나이까?"라는 말이라』 (마 27:46).

"멸망의 아들"의 수치스러운 종말(1-10절)

> 『아침이 되니, 모든 선임 제사장들과 백성의 장로들이 예수를 사형에 처하려고 그에 대하여 의논하고 주를 결박한 후에 끌고 가서 총독 폰티오 빌라도에게 넘겨주더라. 그때 주를 배반한 유다가 주께서 정죄받으신 것을 보고, 스스로 후회하여 은 삼십 개를 선임 제사장들과 장로들에게 되돌려주며, 말하기를 "내가 무죄한 피를 배반한 죄를 지었다."고 하니 그들이 말하기를 "그 일이 우리와 무슨 상관이냐? 네가 당하라." 고 하더라』(1-4절).

유다는 주님을 배반하기 몇 달 전부터 그 일을 계획했고, 계획대로 잘 실행했으면서도 "무죄한 피"를 배반했다고 후회했다(3,4절). 유다는 매우 혼란스러운 상태에 있었던 것이다. 베드로도 유다 못지않게 커다란 죄를 지었고, 둘 다 후회했다. 그러나 유다의 후회는 베드로의 후회와 달랐다. 이 둘의 대조가 고린도후서 7:10에 잘 나타나 있다. 『**하나님의 뜻대로 하는 슬픔은 구원을 위한 회개에 이르게 하므로 후회할 것이 없느니라. 그러나 세상의 슬픔은 사망에 이르느니라.**』 두 종류의 후회를 낳은 두 종류의 슬픔이 있다는 것에 주목하라. **곧 『하나님의 뜻대로 하는 슬픔』과 『세상의 슬픔』이 있는 것이다. 『하나님의 뜻대로 하는 슬픔』은 "자신의 현 상태"에 대한 슬픔이다(욥 42:6, 사 6:5). 그러나 『세상의 슬픔』은 "당신이 한 일"에 대한 슬픔이며(유다 - 마 27:3, 파라오 - 출 9:27, 발람 - 민 22:34), 그것은 대개 자신의 죄에 "붙잡혔다는" 사실에 대한 후회이다**. 유다와 베드로의 인생이 이 두 슬픔에 대한 완벽한 예증인데, 유다와 베드로 모두 후회했다. 그 둘 모두 자백했으며, 그 둘 모두 대가를 치렀다. 그러나 유다는 결국 스스로 목을 매단 반면, 베드로는 결국 예수 그리스도의 발치로 되돌아왔다. 유다는 결국 끝없이 깊은 구렁으로 들어갔지만, 베드로는 결국 하늘나라에 들어간 것이다. 베드로는 회개했을 때 상한 영과 겸손한 마음이 되었지만(마 26:75, 요 21:15), 유다는 후회했을 때 목매달아 자살했으며 그의 거처인 끝없이 깊은 구렁으로 가게 되었다(행 1:25, 계 9:11).

유다가 은전을 성전에 던지는 것(5절)은 "스카랴서"에 예언되어 있었다. 『**주께서 내게 말씀하시기를 "그것을 토기장이에게 던지라. 그들이 나를 매긴 좋은 값이라." 하시기에 내가 은 삼십 개를 취하여 주의 집에 있는 토기장이에게 던졌더라**』(슥 11:13). "주의 집"에 있는 토기장이, 바로 이 정확한 예언에 따라 성전에 던져진 이 은전들은 제사장들에 의해 토기장이에게 주어졌다(6,7절). 토기장이로부터 산 그 밭은 "피 밭"이라 불렸는데(8절), 이곳은 게헨나 골짜기에 있으며, 또한 이곳은 "힌놈의 아들의 골짜기"로도 불린다(렘 19:1,2; 18:1-10).

유다의 죽음에 관해 사도행전에서는 좀 다른 기술을 한다. 『**곤두박이로 떨어져서 몸의 중간이 터져**』(행 1:18). 마태복음에서는 유다가 목매어 죽었다고 말하고, 사도행전에서는 몸의 중간이 터졌다고 말함으로써 이 두 부분이 모순처럼 여겨질 수 있지만, 이 두 진술은 전혀 문제가 되지 않는다. 유다가 목매달았을 때 일어난 큰 지진으로 인해(마 27:51) 곤두박이로 떨어진 것이었고, 땅이 흔들리고 바위들이 갈라질 정도의 지진이라면 유다의 몸이 떨어져 그의 배가 터지기에 충분했을 것이다.

<u>예수 그리스도의 피는 무죄한 피였다(4절). 주님의 피가 무죄한 피라는 것은 그 피가 "하나님의 피"라는 것을 의미한다. 그 피는 죄 없으신 하나님으로부터 오신, 죄 없으신 생명의 죄 없는 피였던 것이다</u>. 『**하나님께서 자신의 피로 사신 하나님의 교회를 돌보게 하셨느니라**』(행 20:28). 하나님의 피, 곧 죄 없는 영원한 피는 구약에서 드려진 짐승들의 "일시적인 피"와 달리 "영원한 피"이기 때문에, 단번에 드려진 그 피는 반복적으로 드려질 필요가 없이 영원한 속죄를

이루었다(히 9:12,25,26; 10:12,14).

유대인의 왕을 심문한 로마 총독(11-25절)

> 『예수께서 총독 앞에 서시니 총독이 주께 물어 말하기를 "네가 유대인의 왕이냐?"고 하니, 예수께서 그에게 말씀하시기를 "그렇도다."라고 하시고, 선임 제사장들과 장로들에게 고소를 당하셨으나 주께서는 아무 대답도 아니하시더라. 그때 빌라도가 주께 말하기를 "그들이 얼마나 많은 것으로 너에 대하여 증거하는지 듣지 못하느냐?"고 하나, 주께서는 그에게 단 한마디도 대답하지 아니하시니, 총독이 매우 이상하게 여기더라』(11-14절).

대제사장들에게 심문을 받으신 주님께서는 드디어 빌라도에게 넘겨지셨다. 그러나 유대인들은 예수님과 함께 빌라도의 법정으로 들어가지 않고 빌라도를 나오게 했다(요 18:29). 왜냐하면 유대인인 그들은 유월절 양을 먹는 날을 앞두고 이방인의 집에 들어갈 수 없었기 때문이다. 이방인과 접촉하면 부정하게 되는데, 부정한 자는 유월절 양을 먹는 데 참여할 수 없었다(요 18:28). **이것은 유대인의 율법 중에 의식법에 속하는 부분이며, 그들이 의식법에 헌신했음을 알 수 있다**. 마태복음 12장에서 바리새인들이 가장 분노했던 일은 예수 그리스도께서 의식법인 안식일 준수를 어기신 일이었다. 그 일로 바리새인들은 예수님을 죽이려고 했다(마 12:14). 다시 말해 그들은 유월절 어린양이신 예수 그리스도를 죽이는 자리에서, 율법에 속한 유월절 양을 먹기 위해 자신들을 정결하게 하려고 했던 것이다.

유대인들은 빌라도에게 예수님께서 유대 민족을 현혹했고 카이사에게 세금

바치는 것을 금했으며(cf. 17:24-27) 백성을 선동하였다고 고소했지만(눅 23:1,5) 그것은 모두 거짓말이었다. 특히 주님을 따라다니며 백성들을 선동한 사람들은 오히려 바리새인들과 제사장들이었다. 이 모든 고소에 대해 주님께서는 침묵하셨다. 유대인들의 고소에 대해 빌라도는 매우 소극적인 재판을 했다. 그는 사건의 진위를 알아보려 하지 않고, 유대인들에게 그 문제를 맡겨 버렸다(요 18:29-32). 그러나 유대인들은 주님을 처형하는 일을 로마인에게 떠넘겼다. 『**우리가 누구를 사형에 처하는 것은 적법지 못하나이다**』(요 18:31). 그러나 이 말은 하나님의 정하신 뜻에 따라 예수님을 이방인의 손에 이방인의 방법대로 처형하게 한 말이었다(요 18:32). 예수님께서는 하나님의 뜻에 따라 로마식 형벌, 즉 십자가형을 받으실 것이 예정되어 있었던 것이다(행 2:23).

빌라도가 재판정 안으로 예수님을 불러들여 『**네가 유대인의 왕이냐?**』(요 18:33)라고 물었을 때, 주님의 대답은 "왕국"에 관한 것이었다. 『**나의 왕국은 이 세상에 속한 것이 아니니라. 만일 나의 왕국이 이 세상에 속한 것이라면 내 부하들이 싸워서 나를 유대인들에게 넘어가지 않게 하였을 것이라. 그러나 지금은 나의 왕국이 여기에 속한 것이 아니니라**』(요 18:36). 주님은 "지금"(초림)이 아닌 "미래"(재림)에 세워질 예수 그리스도의 왕국에 대해 빌라도에게 경고하신 것이다. 『**그러므로 빌라도가 주께 말하기를 "그러면 네가 왕이냐?"고 하니, 예수께서 대답하시기를 "네 말이 옳도다. 내가 왕이니라. 이 일을 위하여 내가 태어났고, 이런 연유로 내가 세상에 왔으니 진리를 증거하려는 것이라. 진리에 속한 자는 누구나 나의 음성을 듣느니라."고 하시니 빌라도가 주께 말하기를 "진리가 무엇이냐?"고 하더라. 이 말을 한 후에 그가 다시 유대인들에게 나와서 말하기를 "나는 이 사람에게서 아무런 잘못도 찾지 못하였노라**』(요 18:37,38). 『**진리가 무엇이냐?**』라고 물은 빌라도는 대답을 기다리지도 않고 나가 버렸다. 진심으로 진리를 알기 위해 물은 것이 아닌 것이다. 그는 단지 "진리라는 게 도대체 뭐야?" 하고 나가 버린 것이다.

빌라도는 유대인들이 시기로 주님을 넘겨준 것을 알았기 때문에(마 27:18) 주님을 놓아주려고 했지만, 선임 제사장들과 장로들에게 선동된 무리의 요구를 물리치지 못했고, 결국 예수님을 십자가에 넘겨주고 말았다(20-26절). 재판하기가 어려웠기에 평소 적대 관계에 있던 헤롯에게 마치 서로 친구라도 되는 양 도움을 구하려고 주님을 보내었음에도(눅 23:7,12), 또한 세 번에 걸쳐 주님께 아무런 잘못도 없음을 공포했음에도(요 18:38; 19:4; 19:6), 물을 가져다가 무리 앞에서 손을 씻으며 "나는 이 의로운 사람의 피에 대해 무죄하니 너희가 맡으라."라고 할 만큼(마 27:24) 주님의 무죄를 확신했으면서도, 이 줏대 없는 총독은 무리가 일으킬 소요가 두려워서 주님을 십자가에 내어주고 만 것이다.

『**그의 피를 우리와 우리 자손에게 돌리라.**』(25절)라는 유대인들의 요구는 그대로 이루어졌다. A.D. 70년의 예루살렘 파괴 이후 세계 곳곳으로 흩어진 유대인들은 영국과 프랑스, 스페인, 러시아 등지에서 박해와 죽임과 추방을 당했고, 그것도 부족하여 히틀러 치하에서는 그토록 비참하게 죽임을 당했다. 그러나 그들은 히틀러보다 더 악한 "적그리스도"의 치하에서 "야곱의 고난의 때"에 더 큰 고난을 겪을 것이다.

■ 빌라도의 딜레마 ■

빌라도는 그 자신도 예수님의 죄를 찾지 못했을 뿐만 아니라 아내도 예수님께 유죄 선고를 하지 말라고 권면한 상황에서(19절) 성난 군중들이 피를 보기 원하는 모습을 보자 극심한 딜레마에 빠졌다. 그는 예수님이 하나님의 아들이라고 주장했다는 말을 듣자 더욱 두려워했고(요 19:7,8) 급기야 주님께 협박까지 했다. 『**나에게는 너를 십자가에 못박을 권세도 있고 너를 놓아줄 권세도 있다는 것을 알지 못하느냐?**』(요 19:10)

이 말에 주님은 그 권세마저도 위에서 온 것이 아니면 허락될 수 없다고 말씀하셨다. 그런 다음 예수님께서 자신을 빌라도에게 넘겨준 자들의 큰 죄에 대해 말씀하시자(요 19:11), 빌라도는 주님을 놓아주려고 애를 썼다. 하지만 완강한 유대인들의 입에서 나온 말, 곧 『**당신이 이 사람을 놓아주면 당신은 카이사의 친구가 아니니이다. 자신을 왕이라고 하는 자는 누구나 카이사를 대적하여 말하는 것이니이다.**』(요 19:12)라는 말에 자기 본연의 자리인 재판석에 가서 앉고 만다. 그는 결국 양심의 판결을 무시한 채 바라바를 놓아주고 예수님을 십자가에 못박으라는(21,22절) 군중의 요구를 들어주었다. 『**그리하여 그는 사람들이 요구한 대로 난동과 살인으로 인하여 감옥에 갇힌 그 자를 그들에게 내어 주고 예수를 그들의 의도대로 하라고 넘겨주더라**』(눅 23:25). 빌라도는 세상과 친구가 되는 길을 택한 것이다. 『**세상과 친구 되는 것이 하나님과 원수 되는 것임을 알지 못하느냐?**』(약 4:4)

갈보리 십자가에 못박히신 유대인의 왕(26-49절)

『그때 빌라도가 바라바는 그들에게 놓아주고, 예수를 채찍질한 후 십자가에 못박으라고 넘겨주니, 총독의 병사들이 예수를 관정으로 끌고 가서 주께로 온 군대를 모으고, 그에게서 옷을 벗기고 주홍색 겉옷을 입히더라. 또 가시로 관을 엮어 그의 머리에 씌우고 그의 오른손에는 갈대를 쥐어 주며, 그의 앞에 무릎을 꿇고 조롱하며, 말하기를 "유대인의 왕 만세!"라고 하며, 그에게 침을 뱉고 갈대를 빼앗아 그의 머리를 치더라』(26-30절).

헤롯으로부터 화려한 자주색 옷을 입고 돌아오신 주님은 빌라도의 병사들에 의해 주홍색 겉옷으로 갈아 입혀지신다. 자주색 옷이 권위의 상징이라면 주홍색 옷은 조롱의 상징이다. 거기에다 주님께서는 가시로 만든 면류관을 쓰시고, 통치자의 홀(scepter) 대신 갈대를 드셨다. 이방의 개들이(시 22:16) 만왕의 왕을 조롱의 왕으로 만든 것이다(cf. 창 49:10, 계 12:5, 눅 1:30-33).

로마 병사들은 예수님을 조롱한 후에 그분의 옷을 다시 입혀서 골고다로 끌고 갔다(31절). 가던 길에 만난 쿠레네 사람 시몬에게 강제로 주님의 십자가를 지고 가게 했고(32절), 가시던 길에 예수님께서는 백성의 큰 무리와 주를 위하여 통곡하고 애도하는 여인들이 주님을 따라오는 것을 아시고, 『**그들을 돌아보시며 말씀하시기를 "예루살렘의 딸들아, 나를 위하여 울지 말고 너희와 너희 자녀를 위하여 울라. 보라, 그 날이 오면 그들이 말하기를 '잉태할 수 없는 자와 아이를 낳아 본 적이 없는 태와 빨려 본 적이 없는 젖이 복이 있도다.' 하리라. 그때 사람들이 산에게 '우리 위에 무너져 내리라.' 하며, 또 언덕에게 '우리를 덮으라.'고 말하기 시작하리라. 그들이 푸른 나무에 이렇게 행한 것을 보면 마른 나무에는 무슨 일이 일어나겠느냐?"**』(눅 23:28-31)라고 하셨다. 해골의 장소라는 뜻의 "골고다"에 이르렀을 때 병사들은 쓸개즙을 탄 식초를 주님께 주어 마시게 하려 했지만, 주님께서는 맛을 보신 후 마시려 하지 않으셨다(33,34절). 이것은 시편 69:21의 성취였다. 마가복음 15:23에서는 『**몰약을 탄 포도주**』를 드렸는데, 주님은 잠언 31:4의 말씀(『**술을 마시는 것은 왕이 해야 할 것이 아니며, 독주를 마시는 것은 통치자들이 해야 할 것이 아니니**』)에 따라 왕으로서 술을 거절하셨다. 왕이신 예수님은 죽음의 순간에도 잠언 31:4을 기억하신 것이다. 로마 병사들은 주님을 십자가에 못박은 후 주님의 옷을 제비뽑아 나눠 가졌는데(35절), 이 역시 시편의 예언이 성취된 사건이었다(시 22:18).

『그리고 그들이 거기 앉아서 주를 지키며 주의 머리 위에 '**이 사람은 유대인의 왕 예수라.**'고 쓴 죄명을 붙였더라. 그때에 두 명의 강도들이 주와 함께 십자가에 못박혔는데 하나는 오른편에, 또 하나는 왼편에 있더라. 지나가던 사람들이 머리를 흔들며 주를 모독하여 말하기를 "성전을 헐고 삼 일 만에 짓는 자여, 네 자신을 구원하라. 만일 네가 하나님의 아들이거든 그 십자가에서 내려오라."고 하더라. 또 그와 같이 선임 제사장들도 서기관들과 장로들과 더불어 조롱하며 말하기를 "그가 다른 사람들은 구원하였으나 자기 자신은 구원하지 못하는도다. 그가 이스라엘의 왕이면 지금 그 십자가에서 내려와 보라고 하라. 그러면 우리가 그를 믿으리라. 그가 하나님을 신뢰하였으니, 만일 그분께서 그를 원하시면 당장 그를 구원하시게 하라. 이는 그가 말하기를 '나는 하나님의 아들이라.'고 하였음이라."고 하더라. 주와 함께 십자가에 못박힌 강도들도 이같이 주를 비난하더라』(36-44절).

예수 그리스도의 십자가의 명패는 세 언어로 기록되어 있었다. 『**그의 위에는 헬라어와 라틴어와 히브리어로 '이 사람은 유대인의 왕이라.'**고 쓴 명패도 있더라』(눅 23:38, cf. 요 19:19). 마태복음에서는 주님의 머리 위에 『**이 사람은 유대인의 왕 예수라.**』(마 27:37)라고 쓴 죄명을 붙였다고 했고, 마가복음에서는 그 명패가 『**유대인의 왕**』(막 15:26)이라고 쓰여 있었다고 했으며, 누가복음에서는 『**이 사람은 유대인의 왕이라.**』(눅 23:38)라고 쓰인 명패였다고 했다. 기록이 조금씩 다르더라도 상반되는 게 아니라 서로 의미를 보완해 주고 있다. 히브리어로 쓴 이유는 명백하게 유대인에 대한 모멸을 담고자 함이었고, 헬라어는 당시의 세계만방이라고 할 수 있는 유럽의 모든 나라를 향한 것이었으며, 라틴어는 북아프리카의 흑인들을 향한 것이었다(라틴어의 기원은 북아프리카이다). 히브리어는 셈족을, 헬라어는 야펫족을, 라틴어는 함족을 대표하는 언어이기 때문에, 이 세 언어로 기록된 예수님의 십자가의 명패는 전 세계 3대 인종을 향해 예수님께서 유대인의 왕이심을 선포한 셈이 되었다.

『제육시에서 제구시까지 어두움이 온 땅을 덮었더니 제구시경에 예수께서 큰 음성으로 소리질러 말씀하시기를 "엘리, 엘리, 라마 사박타니?" 하시니, 이는 "나의 하나님, 나의 하나님, 어찌하여 나를 버리셨나이까?"라는 말이라. 거기 서 있던 자들 가운데 몇 사람이 그 말을 듣고 말하기를 "이 사람이 엘리야를 부른다."고 하더라. 그러자 그들 가운데 한 사람이 즉시 달려가서 해면을 가져다가 식초에 적셔 갈대에 꿰어 주께 마시라고 주더라. 그러나 나머지 사람들이 말하기를 "가만두어라. 엘리야가 와서 그를 구원하나 보자."고 하더라』(45-49절).

주님께서는 오전 6시에서 6시 30분 사이에 빌라도 앞에서 마지막 재판을 받으셨다. 빌라도의 군사들의 마지막 조롱은 오전 7시쯤에 있었고, 7시 30분에서 8시 사이에 주님은 갈보리로 끌려가셨다. 주님께서 못박히신 시각은 오전 9시였다. 마가는 제삼시, 즉 오전 9시에 주께서 못박히셨다고 설명한다(막 15:25). 그리고 어두워질 때까지 약 세 시간 동안 주님은 십자가에 매달려 계셨다. 그 사이에 주님은 포도주를 거절하셨고, 사람들에게 비난받으셨으며, 또한 행악자들과 대화를 나눈 것도 이 시간 중에 있었던 사건이다(눅 23:39-43). 그 후 12시가 되자 오후 3시까지 온 땅은 어두움에 덮였고, 오후 3시경에 주님은 죽으셨다.

누가복음에서는 해가 어두워져서(눅 23:45) 어두움이 온 땅을 덮었다고(45절) 설명한다. 이 어두움은 초자연적인 현상이었다("일식 현상"이 아님). 원래 유월절 어린양은 어두워질 때 먹어야 하는데, 아직 낮이었으므로 하나님께서는 그분의 유월절 양이 죽으시는 그 순간 온 땅을 어두움으로 덮으신 것이다.

『엘리, 엘리, 라마 사박타니?』(46절)라는 말씀은 예수 그리스도께서 십자가 위에서 사탄과 벌이시는 영적 전쟁이 매우 치열하고 힘든 상황임을 보여 준다. **『나의 하나님, 나의 하나님, 어찌하여 나를 버리셨나이까?』**(46절)라는 외침은 하나님으로서의 예수님이 아닌, 인간으로서의 예수님이 외치신 부르짖음이었다. 인성을 소유하신 완전한 인간으로서, 죄인 위에 부어지는 하나님의 진노에 대한 두려움에 완전히 휩싸여 지옥에 떨어진 죄인들의 부르짖음으로 부르짖으신 것이다. **그 부르짖음은 지옥에 있는 모든 죄인들의 부르짖음이라 할 수 있다. 우리가 부르짖어야 할 그 부르짖음을 예수님께서 대신 부르짖으셨으니, 이 또한 대속의 한 측면이 된다(고후 5:21, 갈 3:13).**

결국 주님께서는 고개를 떨구시고 **『목마르다.』**(요 19:28)라고 하셨는데, 주님께서 그분의 생애에서 목이 말라 물이 필요하신 일이 두 번 성경에 기록되어 있다. 첫 번째는 요한복음 4장에서 사마리아 여인에게 대화를 유도하기 위해 물을 요구하셨을 때였고, 두 번째는 십자가 위에서 죽음의 고통 때문에 목말라 하셨을 때였다. 그러나 두 경우 모두 물을 마시지 못하셨다.

■ 새롭게 깨달았거나 적용할 내용이 있다면 적어 보세요. ■

제5과
복습문제

1. 유다 이스카리옷이 주님을 배반한 뒤 느낀 슬픔은 (   )의 슬픔이었다.

2. 유대인들은 빌라도에게 예수님이 유대 민족을 현혹했고, 카이사에게 (   ) 바치는 것을 금했으며, 백성을 선동하였다고 고소했지만, 그것은 모두 거짓말이었다.

3. "진리가 무엇이냐?"라는 빌라도의 질문은 진실된 것이었다. (O , X)

4. 예수님의 십자가의 명패는 (   ), (   ), (   ), 이상 세 언어로 기록되었다.

5. 제육시에서 제구시까지 어두움이 온 땅을 덮었던 것은 (일식 , 초자연적인) 현상이었다.

■ 새롭게 깨달았거나 적용할 내용이 있다면 적어 보세요. ■

NOTES

NOTES

제6과
부활하신 뒤에 주신 지상 명령(28장)

『그러므로 너희는 가서 모든 민족들을 가르치고, 아버지와 아들과 성령의 이름으로 침례를 주며 내가 너희에게 명령한 모든 것을 가르쳐 지키게 하라. 보라, 내가 세상 끝까지 너희와 항상 함께 있으리라."고 하시더라. 아멘』(마 28:19,20).

예수님의 죽으심과 장사(27:50-61)

『예수께서 다시 큰 음성으로 소리지르신 후, 숨을 거두시더라. 그런데, 보라, 성전의 휘장이 위에서 아래까지 둘로 찢어지고 땅이 흔들리며, 바위들이 갈라지고 무덤들이 열리며 잠들었던 많은 성도들의 몸이 일어났으며 주께서 부활하신 후에 무덤에서 나와 거룩한 도성으로 들어가 많은 사람들에게 나타나더라. 백부장과 그와 함께 예수를 지키고 있던 사람들은 지진과 그 일어난 일들을 보고 크게 두려워하며 말하기를 "참으로 이 사람은 하나님의 아들이었도다."라고 하더라』(27:50-54).

예수님께서는 『**다 이루었다.**』(요 19:30)라는 말씀을 하신 후 숨을 거두셨다. 주님께서는 지상 생애의 모든 사역을 마치셨고, 구원이 완성되었다. 새 언약이 시작된 것이다(히 9:15-17). 구약의 희생제사는 완전히 끝났으며(히 10:9), 더 이상의 속죄제는 남아 있지 않다. 주님은 영원한 구속을 이루신 것이다(히 9:12).

휘장은 위에서 아래로 찢어졌는데, 이 점은 휘장을 하나님께서 찢으셨음을 보여 준다. **휘장이 찢어졌다는 것은(51절) 매우 중요한데, 이는 이전에는 대제사장만 일 년에 한 번 피를 가지고 그 안으로 들어가 지성소에 계신 하나님께 이를 수 있었지만(레 16:17), 이제는 휘장이 찢어졌으므로 지성소에 계신 하나님께 누구나 원하면 직접 나아갈 수 있게 되었기 때문이다**. 성막에서 휘장은 예수 그리스도의 몸을 상징하기 때문에(히 10:20), 성막의 휘장이 찢어졌다는 것은 예수 그리스도의 몸이 찢겼다는 것과 정확히 일치한다. 주님의 몸이 찢김으로써 지성소에 계신 하나님께로 가는 길이 누구에게나 활짝 열린 것이다. "성막"은 우주의 모형이기도 한데, 이로써 "휘장"은 둘째 하늘에서 셋째 하늘로 들어가는 길이 되고, 그 휘장이 찢겼다는 것은 두 하늘 사이에 있는 "깊음"에 길이 생겨 셋째 하늘에 계신 하나님의 보좌로 나아갈 수 있게 되었음을 보여 준다(히 6:19,20; 9:23,24, cf. 히 4:16). 『**그러므로 형제들아, 우리가 예수의 피로 인하여 담대하게 지성소에 들어가나니, 그가 우리를 위해 바치신 새롭고 살아 있는 길로 휘장, 곧 그의 육체를 통하여 들어가느니라**』(히 10:19,20).

<u>예수 그리스도께서 부활하셨을 때 이전에 잠들었던 많은 구약 성도들도 함께 부활했다(52절)</u>. 그들은 무덤에서 실제적인 몸으로 부활했으며, 그 뒤 무덤에서 나와 예루살렘으로 들어갔다. 여기서 언급되는 부활은 "첫 번째 부활"(계 20:5) 가운데 맨 처음으로 일어난 부활이다. **<u>첫 번째 부활은 구약 성도들의 부활(마 27:52), 신약 성도들의 부활(살전 4장, 고전 15:50-63), 환란 성도들의 부활(마 24장, 계 11장)로 이루어져 있다</u>**. 이때 부활한 구약 성도들은 단지 "많은" 수가 부활한 것일 뿐 구약 성도들 전체가 일어난 것은 아니었다. 나머지 구약 성도들은 환란 성도들이 부활할 때 부활하게 된다(사 26:19-21, 겔 37:1-17, 마 24:29-31, 시 50:1-6).

예수님의 죽으심에는 많은 여인들이 함께했고(55,56절), 저녁이 되었을 때는 예수님의 제자인 아리마대의 부자 요셉이 와서 빌라도에게 간청하여 주님의 시체를 내려 자기의 새 무덤에 안치하고 큰 돌을 굴려 막아 놓았다(57-60절). 무덤 맞은편에는 막달라 마리아와 다른 마리아가 앉아 있었다(61절). 아리마대의 부자 요셉은 남몰래 숨어서 믿던 제자 중 한 사람이었는데(요 12:42), 이렇게 숨어서 믿던 관원들 가운데는 니코데모도 있었다. 니코데모는 요한복음 7:47-53의 논쟁에서 동료 바리새인들 앞에서 예수님을 변호하기도 했다. 아리마대의 요셉은 더 대담하게 법정에 들어가 빌라도에게 예수님의 시체를 요구했다. 요셉이 주님의 시체를 안치했을 때, 주님의 혼은 이미 땅의 심장에 들어가셨고 그곳에서 3일 밤낮을 계셨다(마 12:40).

<u>주님의 죽음에 관해 제사장들과 바리새인들의 음모가 있었다</u>. 그들은 예수님을 가리켜 "그 미혹하던 자"라고 하면서 주님께서 "삼 일 후에 내가 다시 살아

나리라."라고 하신 것을 제자들이 거짓으로 이루기 위해 밤에 와서 시체를 훔쳐 간 뒤 "그가 죽은 자들로부터 살아났다."라고 할 것이므로 돌문을 봉인하고 경비병을 세워 무덤을 "안전하게" 지킬 것을 빌라도에게 허락받았다(62-66절).

부활의 아침에 일어난 사건(28:1-15)

『안식일이 끝날 무렵, 그 주의 첫날 새벽이 시작될 때 막달라 마리아와 다른 마리아가 무덤을 보러 갔더라. 그런데, 보라, 거기에 큰 지진이 일어나고, 주의 천사가 하늘에서 내려와 그 문에서 돌을 굴려내고 그 위에 앉아 있더라. 그의 용모는 번개와 같고 그의 옷은 눈처럼 희더라. 그러자 경비병들이 천사를 두려워하여 떨며 죽은 사람들처럼 되었더라』(28:1-4).

<u>부활의 새벽 상황에 관하여 사복음서를 비교해서 정리하면 다음과 같다</u>. 두 여인, 곧 막달라 마리아와 다른 마리아가 무덤으로 갔는데(마 28:1), 그들 외에도 이름이 알려지지 않은 다른 사람들이 있었을 것이며(눅 24:1), 그중 하나는 요안나였을 것이다(눅 24:10). 막달라 마리아는 제자들에게 빈 무덤에 관한 소식을 전하러 갔고, 다른 여인들은 무덤 앞에 있었다(눅 23:55-24:9, 요 20:1,2). 이 여인들은 무덤으로 들어가서 천사로부터 주님께서 살아나셨으며 그들보다 먼저 갈릴리로 가실 것이라는 소식을 들었고, 그 여인들은 그들이 본 것을 말하려고 즉시 무덤을 떠났다(마 28:5-8). 베드로와 요한은 막달라 마리아에게 그 소식을 듣고 즉시 무덤으로 달려갔는데, 베드로는 그 일이 사실인지 확인하기 위해 무덤에 직접 들어가 보았다. [한편 그들은 막달라 마리아가 소식을 전

했을 때 의심했었다(눅 24:11).] 두 사도가 무덤을 떠났을 때 막달라 마리아가 무덤에 돌아왔는데, 그때 그녀는 부활 이후에 첫 번째로 나타나신 예수 그리스도를 보았다(요 20:11-17). 앞에서 두 천사를 만났던 여인들은 무덤을 떠나(마 28:8) 제자들에게 그 소식을 전하러 가는 도중에 막달라 마리아에게 이미 나타나신 예수 그리스도를 만났다(9,10절). **『또 여인들이 제자들에게 말하려고 갈 때에, 보라, 예수께서 그들을 만나서 말씀하시기를 "모두 평안하냐?"라고 하시니 여인들이 나아와 그의 발을 붙잡고 주께 경배하더라. 그러자 예수께서 그들에게 말씀하시기를 "두려워 말라. 가서 나의 형제들에게 갈릴리로 가라고 말하라. 그리하면 그들이 거기서 나를 보리라."고 하시더라.』**

<u>예수 그리스도께서 부활하셨다는 여러 가지 "무오한 증거들"이 있다(행 1:2,3)</u>. 즉 예수 그리스도의 몸은 무덤에 없었고, 경비병들은 시체가 없어진 사실을 은폐하기 위해 대제사장과 장로들로부터 돈을 받았으며(마 28:15), 몸을 입고 부활하신 주님을 500명이 넘는 사람들이 보았다(고전 15:5-8). 만약 누군가가 시체를 훔쳐 갔다면, 그 훔친 사람은 훔치는 그 시간 동안 경비병들에게 최면이라도 걸어야 했을 것이다(마 28:4). 무덤 속에 있던 수건은 한쪽에 개어져 있었는데(요 20:5-7), 누군가가 시체를 훔쳐 갔다면 왜 수건을 개어 놓았는지 생각해 보아야 한다. 만약 주님의 부활이 단순히 "영적인 부활"이었다면 주님께서 먹고 마셨다는 사실을 설명할 수 없다(눅 24:42). 부활하신 주님의 몸은 살과 뼈로 구성되어 있는(눅 24:39) 실제적인 몸이었다. 부활하신 예수 그리스도께서는 이 몸을 입으시고 40일 동안 제자들을 가르치신 것이다(행 1:3).

<u>부활하신 주님의 몸은 현재 우리의 몸과 같지 않다. 그 몸은 피가 없이 살과 뼈로만 구성되어 있는데(눅 24:39), 그 몸은 구운 생선을 먹을 수 있을 만큼 실제적인 몸이면서도(눅 24:42), 벽을 통과할 수 있는 신비한 몸이다(요 20:19)</u>. 또한 이 몸은 순간적으로 우주 저 너머에 있는 셋째 하늘에 갔다 올 수 있는 초자연적인 몸이다. 일례로 요한복음 20:17에서는 주님께서 아직 아버지께로

올라가지 않으셨기에 마리아에게 만지는 것을 허락하지 않으셨는데, 마태복음 28:9에서는 여인들이 주님을 만지는 것을 허락하셨다. 주님께서는 그사이에 하늘로 올라가셨다가 다시 내려오신 것이다. **바로 이 몸이 우리 거듭난 그리스도인들이 휴거될 때 입게 될 몸이다**(고전 15:52,53, 빌 3:20,21, 요일 3:1-3, 롬 6:5; 8:11).

예수님께서 셋째 하늘로 올라가셨다가 오신 것은 히브리서에 묘사된 제사장 사역을 완성하신 일과도 관련이 있다. 구약의 대제사장은 피를 가지고 일 년에 한 번 지성소로 들어갔다(레 16:15-17). 반면 예수 그리스도께서는 단번 속죄로 영원한 구속을 이루셨는데, 대제사장들의 원형이신 주님께서는 지상의 성막의 원형인 하늘에 그분의 피로 들어가셔야 했다(히 9:12). 성막은 "하늘"의 모형이다. 휘장은 둘째 하늘과 셋째 하늘을 가르는 거대한 "물 층"을 상징하고, 지성소는 하나님의 보좌가 있는 "셋째 하늘"을 상징한다. 대제사장이 동물의 피를 가지고 일 년에 한 번씩 지성소에 들어가는 것처럼, 예수님께서도 자기 자신의 피로 지성소인 셋째 하늘에 들어가셔야 했던 것이다(히 8:1-6; 7:14; 9:7-14,23-25).

두 천사를 만난 여인들이 무덤을 떠나 제자들에게 소식을 전하러 가고 있을 때, 경비병 몇 사람이 성읍에 들어가서 당시에 일어난 모든 일을 선임 제사장들에게 보고했는데, 제사장들은 장로들과 함께 모여 의논한 후 경비병들에게 많은 돈을 주면서 예수님의 제자들이 밤에 와서 그들이 자는 동안 그 시신을 훔쳐 갔다고 말하라고 지시했다. 만일 이 말이 총독의 귀에 들어가면 자기들이 그를 설득하여 그 경비병들을 안전하게 해 줄 것이라고 약속을 했는데, 경비병들은 돈을 받고 지시받은 대로 행했고, 이로써 그 말이 유대인들 사이에 두루 퍼지게 되었다(11-15절). 사실 경비병들이 이 말을 하는 것은 분명 모순이다. 왜

나하면 만일 그들이 밤에 잤다고 말하면 그들은 근무 태만한 것이 되고, 깨어 있었다면 주님이 부활하신 것이 분명해지기 때문이다. 또한 그들이 정말로 잤다면 제자들이 훔쳐 갔는지 어떻게 알 수 있는가?

제사장들은 경비병들을 돈으로 매수하여 예수 그리스도의 부활을 덮어 버리려고 했지만, "부활"은 예수 그리스도의 신성을 증명하는 가장 강력한 증거가 되었다. 참으로 그들은 예수님의 신성에 대한 가장 확실한 증거를 보고서도 끝까지 부인하는 "위선자"의 모습을 버리지 않았다. 마태복음 27장에서 휘장이 찢어지는 것을 보고서도 이 모든 일을 백성들로부터 감추려고 하였다. 성전의 휘장이 찢어진 일과 주님이 부활하신 일이 백성들에게 알려지면 더 이상 제사장 노릇을 할 수 없기 때문이다. 그들은 성전에서 일어난 변화로 인해 제사장직을 잃어버리는 것을 원치 않았다. 결국 자기들의 배를 섬기는 자들로 드러난 것이다(롬 16:18).

주님의 지상명령(28:16-20)

『그때 열한 제자가 갈릴리로 가서 예수께서 지시하신 산으로 가더라. 제자들이 주를 뵙고 경배하더라. 그러나 몇 사람은 의심하더라. 그후에 예수께서 그들에게 오셔서 일러 말씀하시기를 "하늘과 땅에 있는 모든 권세를 나에게 주셨도다." "그러므로 너희는 가서 모든 민족들을 가르치고, 아버지와 아들과 성령의 이름으로 침례를 주며 내가 너희에게 명령한 모든 것을 가르쳐 지키게 하라. 보라, 내가 세상 끝까지 너희와 항상 함께 있으리라."고 하시더라. 아멘』(28:16-20).

열한 제자 중에는 주님을 뵙고 경배하면서도 주님의 부활을 의심한 사람들이 있었다. "도마"는 요한복음 20:21-28에만 있는 것이 아니었다. 『**그러므로 다른 제자들이 그에게 말하기를 "우리가 주를 보았다."고 하나 그가 그들에게 말하기를 "내가 주의 손에 있는 못자국을 보고, 또 내 손가락으로 그 못자국에 대어 보고, 나의 손으로 주의 옆구리에 넣어 보기 전에는 결코 믿지 않겠노라."고 하더라**』(요 20:25). 도마는 주님이 부활하셨다는 것을 보여 주는 물리적인 증거를 원했는데, 사실 부활하신 주님께서 그들의 눈앞에 계신다는 것 자체가 증거였다.

부활하신 예수님께서는 아버지께 하늘과 땅에 있는 모든 권세를 받으신 후 (18절) 제자들에게 지상 명령을 주셨다. 『**그러므로 너희는 가서 모든 민족들을 가르치고, 아버지와 아들과 성령의 이름으로 침례를 주며 내가 너희에게 명령한 모든 것을 가르쳐 지키게 하라. 보라, 내가 세상 끝까지 너희와 항상 함께 있으리라**』(19,20절). 이 명령은 마태복음의 특성상 일차적으로 유대인 제자들에게 주시는 왕국 복음에 관한 지상 명령이지만, 교회 시대의 그리스도인들 대부분은 이 말씀을 은혜의 복음을 전파하라는 지상명령으로 받아들여 헌신한다. 이 명령을 받은 제자들이 여전히 왕국에 관심을 가지면서(행 1:6) 사역하는 기간, 곧 사도행전에 나타나는 "과도기"가 있지만, 어차피 복음은 은혜의 복음을 향해 나아가기 때문에(행 15:11) 이 말씀은 교회 시대를 향한 지상 명령이라고 보아도 무방하다. 또한 이 명령은 "모든 민족들을 가르치라"(19절)는 명령이기 때문에, 교회 시대에 이방인들에게 복음을 전파하고 성경을 가르치는 일에도 적용할 수 있다.

이방인들에게 복음을 전파하고 성경을 가르치는 일은 신약의 바울 서신에서도 누차 강조하고 있는 바다. 『**내가 복음을 전할지라도 내게 자랑할 것이 없으니 이는 내가 부득불 해야 할 일이기 때문이라. 만일 내가 복음을 전하지 아니하면 정녕 내게 화가 있으리라!**』(고전 9:16) 『**내가 계시를 따라 올라가서 이방인들 가운데서 전파한 복음을 그들 앞에 제시하였으되 유명한 사람들에게 따로 전한 것은**

어떻게 하든지 내가 달려가야 할 일과 달려갔던 일들이 헛되지 않게 하려 함이라』(갈 2:2). **『그리고 네가 많은 증인들 가운데서 내게 들은 것들을 신실한 사람들에게 맡기라. 그들이 또 다른 사람들을 가르칠 수 있으리라』**(딤후 2:2). **『너는 말씀을 전파하라. 때를 얻든지 못 얻든지 항상 대비하라』**(딤후 4:2).

■ 새롭게 깨달았거나 적용할 내용이 있다면 적어 보세요. ■

제6과
복습문제

1. 휘장이 찢어진 것은 (   )에 계신 하나님께 누구나 직접 나아갈 수 있게 되었음을 보여 준다.

2. 예수 그리스도께서 부활하셨을 때 이전에 잠들었던 많은 (   ) 성도들도 함께 부활했다.

3. 부활하신 주님의 몸은 (   )가 없이 살과 뼈로만 구성되어 있다.

4. 예수 그리스도께서 셋째 하늘로 올라가셨다가 오신 것은 히브리서에 묘사된 (제사장 , 멜키세덱) 사역을 완성하신 일과 관련이 있다.

5. 마태복음 28장의 지상 명령은 은혜의 복음이 전파되는 (   ) 시대를 향한 명령으로 봐도 무방하다.

■ 새롭게 깨달았거나 적용할 내용이 있다면 적어 보세요. ■

NOTES

NOTES

복습 문제 정답

제1과

1. X
2. O
3. X
4. O
5. 대환란
6. 날, 시간

제2과

1. X
2. O
3. X
4. O
5. X
6. X
7. X
8. 영원한 불

제3과

1. 은혜
2. 죽으심
3. O
4. 포도즙
5. 예수 그리스도

제4과

1. O
2. O
3. 성경
4. X
5. 베드로

제5과

1. 세상
2. 세금
3. X
4. 헬라어, 라틴어, 히브리어
5. 초자연적인

제6과

1. 지성소
2. 구약
3. 피
4. 제사장
5. 교회

< 추 천 도 서 >

마태복음

피터 S. 럭크만 지음 / 748쪽

35,000원(eBook 24,500원)

마태복음은 교회와 교회 시대를 대상으로 기록된 책이 아니라, 유대인과 왕국을 겨냥하여 기록된 책이다.

열린 성경 닫힌 마음

이송오 목사 지음 / 220쪽

9,000원(eBook 6,300원)

이 책은 성경에 대해 닫혀 있는 눈과 마음을 뜨게 하여, 성경을 왜 나누어서 공부해야 하고 어떻게 나누어 볼 수 있는지 알게 한다.

하나님의 나라와 천국

피터 S. 럭크만 지음 / 258쪽

12,000원(eBook 8,400원)

본서는 천국(Kingdom of Heaven)과 하나님의 나라(Kingdom of God)를 구분하여 정확하게 알려준다.

세대적 진리

클라렌스 라킨 지음 / 322쪽 / 32,000원

1920년에 출간된 이 책은 세대주의 연구의 기초가 되는 책으로 클라렌스 라킨의 역작이며, 성경을 연구하는 모든 그리스도인들의 필독서이다.

솔로몬 성경공부 시리즈

마 태 복 음

제5권 휴거는 언제 일어나는가?(24-28장)

초판인쇄 2025년 10월 15일
초판발행 2025년 10월 17일
지 은 이 / 편 집 부
발 행 인 / 박 승 용
발 행 처 / 말씀보존학회
출판등록 / 제409-2022-000036호
주 소 / 서울 강서우체국 사서함 제90호
전 화 / (02) 2665 - 3743
팩 스 / (02) 2665 - 3302
인 터 넷 / www.biblemaster.co.kr

값 10,000 원